不是生活为了概念而存在，而是概念为了生活而存在。

——鲁道夫·冯·耶林

法律的思维

訾英韬 严海燕 蒋德予 ——著

人民东方出版传媒
People's Oriental Publishing & Media
东方出版社
The Oriental Press

前言

法律是人类社会的基本规则。

经过数千年的演进，随着人类社会的发展，法律已经日益成为一个庞大复杂的体系。这个庞大体系里包括了宪法、行政法、民法、刑法、商法、经济法、知识产权法、民事诉讼法、刑事诉讼法、行政诉讼法、国际公法、国际私法、国际经济法等。需要经过数年的法学院学习，才能了解这么多法律部门的基本原理与法律规则。要想成为某一法律领域的专家，更需要经历多年的法律实践。比如要成为一名执业律师，至少还要通过法律职业资格考试，在律师事务所实习一年，并通过律师协会的考核，而这只是律师职业的开端。

那么，我们这些生活在社会中的普通人怎么办？凭借朴素的善恶观念，我们可以作出对重大违法行为的基本判断，但面对更复杂的情况，我们是否还能理解结构更为复杂的法律规则？"杀人偿命，欠债还钱"这样的古谚，已经无法面对今天被数字空间、网络时代、全球化所深刻改变的人类生活。居住方式的变化、交通的快捷、新的交易模式的出现也使得我们的生活出现很多新的情况。法律对这些新的情况和行为会作出怎样的评价？如果不了解法律，每天的生活岂不成了"丛林冒险"？我们会不会在完全无知的情况下，落入违法甚至犯罪的"坑"？

理解法律规则，是现代社会生活的必需。同时，对复杂法律问题的思考与追问，也是每个热爱知识和真理的人生活所必需的。面对生活常识不能回答的问题，法律会给出怎样的解答？这些答案还可以更好吗？

我们需要一本书。它不同于法学家的专业著作，不必体系完备，面面俱到；无须概念严整，章句晦涩。它不同于法律人案头的案例汇编，不必详述事实，一一举证；无须释法说理，言必周详。

这本书应当是简明的、可亲的。它像我们的朋友一样了解我们面对法律时内心的疑问。它应当是准确的、可信的。对这些问题给出精确的理论解答，而且这些解答有真实的案例支撑。更重要的是，透过对这些问题的解答，我们能得以窥见法律的逻辑。从这些看似零散、奇特甚至"无厘头"的问题中，理解法律的思维。

现在你面前的就是这样一本书。从社交媒体和实际接案两个方面，选取最高频的问题，进行了高度典型化的回答。这些回答均注明条文出处，于法有据。同时，每一个回答均辅以真实案例。为了方便阅读，这些案例被大幅删减，但注明案号，清晰可查。依据社会生活的不同方面对这些问题加以分类，每个类别前均对此类问题的法律逻辑加以导引陈述。凭借这些导引，你如同手持地图攻略，开始思维之旅。语言是思维的基础。为此，这本书的部分参考判例尽可能保留了原汁原味的法律语言，对于法律思维的建立而言，这样的阅读是有益的。

法律是人类智慧的结晶，对法律问题的思考是富于挑战性的。法律的思考不仅仅是法律的，很多时候也是历史的、哲学的、经济的。对法律问题的思考需要想象力，思考者要能够通过想象复原法律文件背后的事实过程，分析法律条文的真实内涵。对法律问题的思考需要分析力，同一事实或行为有可能涉及多个可能适用的法律条文，需要分析这些条文的层级与结构，找到最准确的条文。对法律问题的分析需要批判力。通过批判性思维理解原告与被告之间的陈述与对抗，找寻最佳的解决纠纷的思路。

对现代法律规则的了解，是现代人应有的社会常识。这些如同迷宫探险般复杂的思维挑战，是现代人应有的思维锻炼。

目录

阅读提示…………………………………………………… 1

安全与财产……………………………………………… 01
生活和消费……………………………………………… 53
婚姻与家庭……………………………………………… 135
工作和保障……………………………………………… 181

附录一　法律维权过程中的常见误区……………… 223
附录二　常见维权路径………………………………… 228
附录三　民事诉讼基本流程…………………………… 229
附录四　见律师前的五项准备………………………… 230

阅读提示

　　无论多么复杂的法律规定，背后体现的都是法律特有的对世界的认识和思考方式。掌握法律的思维，就能打开法律的大门。

　　法律的思维是权利的思维。一个人是否可以做某件事，法律只关注其是否拥有相应的权利。一个人是否应该被保护，法律也只关注其权利是否受到了侵害。

　　法律的思维是证据的思维。法律上认可的事实是可以被证据证明的事实，如果没有证据，或者证据达不到足够的证明效力，这个事实在法律上就无法得到认可。

　　法律的思维是规则的思维。法律致力于通过明确而客观的规则建立并维护一个稳定的社会秩序，具有高度主观性的个人好恶和道德善恶通常不在法律的考量范围内。

　　法律的思维是预期的思维。法律重视通过个案的处理来调整公众的普遍预期，树立长期性行为规范，从而实现社会低成本高效管理（本书延伸阅读部分选取了大量各级法院发布的指导性案例即是预期思维的体现）。

　　法律的思维是衡平的思维。为了尽可能实现公正，法律会强化对弱势群体的保护以实现权利保护的平衡。

本书将通过"导读＋问答＋真实案例"的方式，带大家法眼观天下。希望本书可以教大家学会如何用法律思考，让大家更好地在当今的法治社会中生活，真正实现懂法律，有思维，少吃亏。

安全与财产

《中华人民共和国民法典》

《中华人民共和国刑法》

《中华人民共和国治安管理处罚法》

《中华人民共和国道路交通安全法》

安全从来都是最重要的问题，没有安全保障，人都不敢出门，其他一切更谈不上。历史上刘邦的约法三章"杀人者死，伤人及盗抵罪"，承诺的主要就是人身安全。虚拟世界里罪恶笼罩下的哥谭市，蝙蝠侠作为正义的化身保护市民的安全。现实生活中，保护我们人身安全的就是法律。

我国法律对公民人身安全的保护，是围绕以下三个思维原则展开的。

第一，法律关注当下。法律需要妥善解决已经现实发生的安全侵害个案，为此法律规定加害人必须承担赔偿损失等责任，以使受害者可以及时得到救济。

在这个层面，法律对应当承担责任的主体和受害者可得赔偿的范围作了尽可能周全的规定。对于担责主体，法律在加害人自己负责的原则外，还在特殊情形下将加害人之外的其他主体也拉进来，规定他们也需要赔偿或补偿，以期更有利于受害者追责。比如未成年人造成他人损害，如其本人财产不足以支付赔偿费用，由监护人继续赔偿；对加害人有教唆、帮助行为的，与其承担连带责任；因见义勇为而受伤，在加害人逃逸或者无力承担责任时受益人应当适当补偿；因高空抛物受伤，找不到加害人时，可以向所有可能加害的建筑物使用人主张补偿等。对于受害者可得赔偿的范围，法律的规定也是极为详细的，比如对于人身受损者，可得赔偿范围既包括医疗费、护理费、交通费、营养费、住院伙食补助费，也包括其他为治疗和康复支出的合理费用，还包括因误工减少的收入等。

第二，法律关注长远。法律要预防相应案件的再度发生，从而提高整个社会的安全性。为此法律通过对加害人责任的明确规定引导人们的预期，使人们免于陷于被法律追责的境地而预先合理安排自己的生活，不故意伤害他人，也尽量避免因为过失伤害他人。

在这个层面，加害人的主观心态成为法律关注的重点。比如法律规定故意伤害他人应承担的责任肯定比过失的情况下要重，而对于过失伤害他人，如果加害人基于法律规定或合同约定应具有更强的注意防范义务，那么他应承担的责任肯定比只需具有一般注意防范义务的人要重（比如司机比行人更应该注意道路安全），以此来塑造人们对于自己生活的正确预期。

第三，法律关注平衡。法律对安全的保护不能以过分牺牲加害人的行动自由为代价。大家可能会疑惑，加害人既然给他人带来伤害，不应该尽一切可能来弥补吗？法律怎么还要追求加害人行动自由和受害者安全保护之间的平衡呢？因为过犹不及，我们每个人生活在这个社会中，既可能成为受害者，也可能成为加害人，如果法律一边倒地强化对于受害者的保护，不管青红皂白只要受伤了就可以狮子大开口，那么将变相鼓励碰瓷等行为的大量发生，普通人将战战兢兢、手足无措，社会也将难以正常运转，这就走向了安全的反面。

在这个层面，法律作了如下安排：比如受害者可以主张的赔偿只能填补其真实的损失，不能额外漫天要价；如果受害人对损失的产生也有过错，可以减轻甚至免除加害人的责任（比如受害人故意追求损害结果）；受害人自甘风险参与文体活动而受伤，除了其他参与者故意或重大过失造成外，法律不予保护等。

在大多数情况下，除了生命安全之外，最重要的就是财产安全了。所以，理解财产方面的法律思维，对我们的生活来说非常重要。当前财产流转相关法律较为复杂（如《中华人民共和国民法典·合同编》及其配套规定等），掌握其要旨却不难，因为其中有一条贯穿始终的主线："意思自治。"

首先，意思自治意味着自愿。一方面，法律规定不得强迫、欺骗或乘人之危签订合同。比如因为被欺诈或胁迫而签订的合同，当事人可以请求法院予以撤销；一方利用对方处于危困状态、缺乏判断能力等情形，致使签订的合同显失公平的，受损害方也有权请求法院予以撤销。另一方面，合同签署方之外的人当然不受合同的约束。比如在合法转租（二房东经原房东同意后转租）的情况下，如果房子在实际租户居住期间出现损失，二房东也必须依据合同向原房东赔偿损失，而不能简单把责任推给租户（租户和原房东之间并无合同）。

其次，意思自治意味着自由。一方面，就合同形式而言，只要能体现合同当事人的真实意愿，可以多种多样。除了书面形式外，口头、行为等都可以订立合同。即便是书面形式，法律也认可合同书、信件、电报、电传、传真和电子数据交换（如微信）、电子邮件等多种方式。另一方面，就合同内容而言，只要不违反法律规定，也可以多种多样。比如可以给合同的生效或者失效附条件、附期限，常见名人代言合同约定出现重大负面舆情事件时合同失效等。

再次，意思自治意味着责任。一方面，要严格按合同办事，不得无故反悔。比如法律规定合同生效后，当事人不得因姓名、名称的变更或者法定代表人、负责人、承办人的变动而不履行合同义务；当事人一方不履行合同义务或者履行合同义务不符合约定的，应当承担继续履行、采取补救措施或者赔偿损失等违约责任。另一方面，对于基于当事人自愿签订的合同，哪怕事后发现条款存在一定的缺漏，法律也倾向于通过对合同当事人真实意思的发掘和查明而后对相应的合同条款进行补足，而不是轻易推翻一个合同。比如合同生效后，如果当事人就价款或者报酬没有约定或者约定不明确，法律规定首先可以协议补充；如果协议不成，可以按照合同相关条款或者交易习惯确定；如果还不能确定，可以按照订立合同时履行地的市场价格履行等。

最后，意思自治也存在一定的限制。法律会出于多种利益衡平保护的考量对意思自治进行限制。比如基于对未成年人保护的考虑，法律规定八周岁以下未成年人签订的合同无效；基于禁止权利滥用的考虑，法律规定行为人与相对人恶意串通，损害他人合法权益的合同无效；基于公共利益保护的考虑，法律规定当事人在抢险救灾等特殊情形下签订救灾物资生产经销相关合同时自由意志应受到救灾需求的合理限制等。

遭受侵害，怎样才算正当防卫

构成正当防卫通常需要同时满足如下条件。

首先，必须存在不法侵害行为，即存在他人正在进行危及自身或他人人身、财产的行为（如故意伤害、杀人、抢劫、强奸、绑架、毁损公私财物等行为）。如果不法侵害行为尚未发生，或者根本不存在不法侵害，则不构成正当防卫。

其次，不法侵害行为应正在进行中，具有现实紧迫性。比如在他人正持刀行凶时，将其打晕，一般能被认定正当防卫；但如果不法侵害行为已经实施完毕，或者行为人已经终止了侵害行为，还继续采取防卫措施，则不能构成正当防卫。

再者，防卫不能超过必要限度。必要限度一般是指防卫行为足以达到有效制止侵害行为的强度，比如遭遇闹市偷窃，行窃人并未携带任何凶器，且未实施危害他人人身的行为，周围人已经将其控制的情况下，再对其拳打脚踢，则会被认定为超出必要限度。

最后，防卫必须是针对加害人本人实施的，如果防卫行为是针对第三方实施的，则不能成立。

基于此，如果不满足前述条件而实施防卫行为，不仅不能构成正当防卫，还可能会被追究民事或者刑事责任。

依据：《中华人民共和国刑法》第20条

参考判例

2019 年 10 月 1 日 19 时许，大壮与大辉在大壮住处饮酒，大壮酒后辱骂大辉，后大辉骑在大壮身上并掐住其脖子。其间，小佳劝阻大辉但未能将双方劝开。大壮反抗未果后，捡一空酒瓶击打大辉头部，后酒瓶破碎，大壮持碎酒瓶连续多次扎大辉腹部、上臂等部位，致大辉腹部、胸部、肩部、上臂等多处开放性损伤。大辉倒地后大壮即停手。当日 20 时许，大壮让小佳报警，后在现场等待公安机关处理。经鉴定，大辉所受损伤为重伤二级，身体损伤构成十级伤残。后当地检察院以大壮犯故意伤害罪提起刑事诉讼，大辉提起附带民事诉讼，要求大壮赔偿损失。

法院认为，综合全案证据情况，公诉机关指控大壮的行为系防卫过当的证据不足。大壮主观上具有防卫意图，客观上实施防卫行为时不法侵害正在进行，其防卫行为未明显超过必要限度，大壮使用啤酒瓶敲打、扎刺的防卫手段并没有明显超过大辉双手扼颈的侵害强度。证人小佳的证言亦证明，在大辉松手后大壮立即停手。故根据证据裁判原则，认定该起事实中，大壮的行为系正当防卫。因正当防卫造成损害的，不承担民事责任，对于附带民事诉讼原告人大辉的经济损失不予支持。

原：北京市第三中级人民法院（2022）京 03 刑终 110 号案

被人口头威胁，我只能等对方真动手才能报警吗

当然不是，如果被人口头威胁是真实发生的，即便对方尚未动手，但你认为对方可能会动手或你无法判断对方是否会动手时，你都有权利通过报警寻求保护。

对他人进行口头威胁或恐吓，不仅会给人施加精神压力，造成精神紧张，还存在损害他人人身安全的可能性，已经构成违法行为。口头威胁恐吓他人不止涉嫌人身侵权，威胁情节严重者还可能涉嫌犯罪，因此被威胁后报警是受害人维护自身权利的合理救济途径。

通常情况下，报警后警方需确认口头威胁真实发生后才能采取相应措施。除警方调查取证外，受害人自身保存相关证据也十分重要，如果你遭遇被人口头威胁的情况，在有能力或有条件的情况下，应尽可能录音录像，保存通话、微信、短信等能够反映威胁事实的相关记录，以便警方核实相关情况。

依据:《中华人民共和国治安管理处罚法》第42条、《中华人民共和国刑法》第293条

参考判例

大磊在某大厦一岗亭旁边发现垃圾车起火，告知负责该区域保安工作的大壮，大壮将火扑灭。大磊后将此事反映给管理处，领导因此批评了大壮。当晚大壮在与同事聊天时扬言，如果他因为这件事被管理处开除，就要把大磊干掉。同事将此事告诉了大磊。数日后，大壮当面威胁大磊说：如果我因为这个事情被炒鱿鱼，你也活不长，我保证你的人头落地。两日后，大磊向当地公安局报警，公安局进行调查后发现情况属实，根据《中华人民共和国治安管理处罚法》规定，对大壮处以行政拘留三日的行政处罚。大壮因不服公安局作出的行政处罚决定，向该区政府提出行政复议，区政府作出维持行政处罚的复议决定，大壮仍不服，后向法院提起行政诉讼。

法院认为，公安局收到大磊的报警后，填写了行政处理审批表并报负责人审批，对大壮进行口头传唤，告知大壮权利义务，对大壮、大磊和证人制作了询问笔录，调取了现场监控，在作出处罚前出具行政处罚告知笔录，明确告知大壮处罚依据及享有陈述申辩的权利，大壮确认不进行申辩。后公安局出具行政处罚决定书，送达大壮并通过寄挂号信方式通知其家属，执法程序规范合法，认定大壮言语威胁大磊人身安全事实清楚，证据充分。区政府在行政复议过程中，因案件审查需要，及时办理了案件延期，并书面通知了大壮和公安分局，程序并无违法之处。法院最终驳回了大壮的诉讼请求。

原：广东省深圳市盐田区人民法院（2020）粤0308行初216号案

在饭店用餐期间，因隔壁桌之间斗殴而被误伤，应当由谁承担责任

一方面，参与斗殴的人应承担全部责任或主要责任。你被误伤是因隔壁桌斗殴导致，从法律上讲，你受伤与对方斗殴行为具有直接因果关系，斗殴者进行的斗殴行为对你而言构成人身侵权，你可以向斗殴者主张侵权赔偿责任。

另一方面，因事发地点位于饭店这一公共经营场所，饭店老板（经营者）如果在斗殴发生时没有尽到相应的安全保障义务，法律则推定饭店经营者具有一定的过错。而目前法律对饭店等经营场所"未尽到安全保障义务"并没有明确规定，司法实践中往往会根据个案情况进行具体裁量，通常会考虑相关场所情况（如误伤是不是因相关设备设施存在瑕疵或安全隐患导致）、经营者的注意程度及安保配套措施（如饭店是否采取合理措施阻止、劝解斗殴者，及时疏散周围人群），以及受害者自身是否存在过错（比如在被饭店及时疏散时执意站在旁边看热闹）等因素，如果饭店不能证明其尽到安全保障义务，此时你还可以向饭店主张补充赔偿责任。

依据：《中华人民共和国民法典》第1198条

参考判例

大壮在某烧烤店吃饭时与他人发生纠纷，连续使用啤酒瓶砸向他人，其中一啤酒瓶误砸了小静头部，致小静头部受伤。经鉴定，小静头部的损伤构成轻微伤。小静伤后即至医院住院治疗，出院医嘱为建议休息两周等，小静为此支付医疗费15000余元。后小静将大壮、烧烤店诉至法院，请求大壮赔偿医疗费、营养费、误工费、护理费、交通费及精神损害抚慰金共计27000余元，并要求烧烤店对此承担补充赔偿责任。

法院认为，安全保障义务是一项法定义务，负有安全保障义务的主体，违反安全保障义务导致他人损害的，应当承担相应责任。安全保障义务体现在义务主体应具备相应条件、尽到相当注意保障他人安全，提供能够防止侵害的基本保障。本案中，大壮连续向两个不同方向抛砸啤酒瓶，小静是被大壮转身抛砸的第二个啤酒瓶砸伤的，此过程中，烧烤店完全有能力、有条件、有时间制止大壮的侵权行为，但其经营者并未采取有效制止措施，存在未尽到安全保障义务的行为。烧烤店系提供餐饮服务的公共场所，面向不特定的顾客营业，其经营者对该场所具有事实上的控制力，有条件为进入该餐厅的人员提供安全保障。小静作为烧烤店的顾客，属于受保障的主体，其因大壮的侵权行为遭受损害，烧烤店的经营者应当在其能够防止或者制止损害的范围内承担相应的补充赔偿责任。法院认定由烧烤店负担10%的补充赔偿责任，大壮作为侵权行为的直接实施者，应承担90%的赔偿责任。

原：江苏省宿迁市中级人民法院（2019）苏13民终5320号案

被流浪狗咬了，由谁来负责

如果被流浪狗咬了，可以找三种人来赔偿。

第一种人，流浪狗原来的主人，如果可以找到原来养这条流浪狗的主人，可以要求他来赔偿你由此带来的损失。

第二种人，喂食流浪狗的人。如果经常给流浪动物提供食物或居所，这就已经构成了特殊的饲养关系，在法律上会被认定为事实上的收养。因此，在此类情况下流浪狗再咬伤人，投喂流浪狗的人需要承担责任。当然，如果只是偶然、临时的喂养就不需要承担责任。

第三种人，引诱或致使流浪狗作出咬人行为的人。如果流浪狗对你的攻击并未出于其自发，而是基于其他人的引诱或者挑拨，则也可以要求作出该种行为的人对你的损失进行赔偿。

依据：《中华人民共和国民法典》第1249条、第1250条

参考判例

大浩和大强系邻居关系，同居住在北京市某小区。2016年9月5日晚，大强回家过程中，在家门口附近被一流浪狗咬伤，导致其左小腿外侧 2cm×3cm 面积大小受伤。

法院审理认为，本案中，伤人之狗虽原系流浪狗，但在 2015 年至 2016 年 9 月期间，大浩及其家人长期在固定地点给狗喂食，此狗亦长期栖息在大浩家附近，据此，在上述期间，大浩与伤人之狗已形成事实上的饲养关系。此狗伤人后，大浩作为此狗的饲养人，应当承担相应的侵权责任。以大浩为主要饲养人的狗咬伤大强，应赔偿实际产生之费用，包括医药费 1416.1 元和交通费 250 元。大浩饲养流浪至其所在小区的流浪狗，收留其所产幼狗，并为幼狗寻找收养人，上述行为均为爱心之举，并无过错，但因饲养和收留，同时产生对狗管理和约束之相应责任，而未尽到上述责任，造成他人人身伤害，理应承担相应侵权责任，不能因其良好的动机和初衷而免除其责任。由于狗作为动物有一定的人身攻击性，对于流浪狗，正确的处理方式是将其送往专门收容机构，或通过法律法规允许的方式收养，通过圈养、拴链等方式防止其给他人造成伤害。

原：北京市海淀区人民法院（2016）京 0108 民初 37700 号案

请他人帮忙照看小孩期间小孩受伤，应该由谁来承担责任

他人如果存在过错，则应根据过错程度承担相应比例的赔偿责任。是否存在过错，实际中往往需要结合照看场所、照看行为、小孩个人行为能力、有偿无偿等多个因素来综合判定。

从照看场所角度看，相比于家中，公共场所环境更为复杂，不安全因素更多，因此，照看人在公共场所应施加更多的注意力看管小孩，如果未施加足够的注意力，法律则会推定照看人具有相应的过错。

从照看行为角度看，相比于积极照看，因疏忽忘记照看或照看不够导致小孩受伤，显然具有明显过错。

从小孩个人行为能力来看，未满八周岁的小孩为无民事行为能力人，对其照看的义务较高，若其受伤，则照看人的过错程度会相对较高；而八周岁至十八周岁的限制行为能力人，若按自身认知或能力可以规避相应危险，则照看人的注意义务可相应减少，由此产生的过错程度亦可以相应降低。

此外，相比于无偿照看，付费照看对照看人的要求往往会更高，故过错程度也会随之增加。

依据：《中华人民共和国民法典》第1165条

参考判例

小柔出生于 2018 年 3 月 20 日，小柔父母因外出务工，将小柔委托给外婆帮忙带养。2019 年 12 月 27 日 15 时许，外婆与邻居一起在自家门前附近做粉皮，期间小珊带着自己的孩子过来吃粉皮，外婆遂嘱咐小珊帮忙照看一下小柔，小珊当即表示同意。此后，小柔独自在外婆邻居家玩球，因球掉落在该邻居家中的红色存水桶中，小柔去捡球时不慎掉入桶中溺水。事故发生后，在场人员拨打了 120 急救电话和 110 报警电话，医生到达现场，小柔抢救无效死亡。而后小柔父母将小珊等人诉至法院，要求小珊按 30% 比例赔偿死亡赔偿金、丧葬费、精神抚慰金等损失。

法院认为，小珊接受了外婆的嘱咐，帮忙照看小柔，事故发生前，小珊带着小柔与别人微信视频并给小柔吃饼干、喝水，间接体现了小珊对小柔有照看行为，也是辅助性好意照看行为。小柔事发时未满两周岁应当予以贴身看护，但小珊在照看小柔的过程中独自离开，任由小柔一人玩耍，且小珊居住在事发地的房屋内，对事发现场周围的环境比较熟悉，小珊应当预见其独自离开后未满二周岁儿童独自玩耍具有风险，对小柔的死亡存在过错。综合全案情况，酌情认定小珊承担本次事故 10% 的赔偿责任。

原：湖南省高级人民法院（2020）湘民申 3530 号案

肇事车辆既有交强险又有商业险，那么发生事故时责任应如何承担

先由交强险赔付，不足部分由商业险赔付，仍不足的话由侵权人赔付。

法律明确规定，机动车发生交通事故造成损害，属于该机动车一方责任的，先由承保机动车强制保险的保险公司在强制保险责任限额范围内予以赔偿；不足部分，由承保机动车商业保险的保险公司按照保险合同的约定予以赔偿；仍然不足或者没有投保机动车商业保险的，由侵权人赔偿。

依据：《中华人民共和国民法典》第1213条、《最高人民法院关于审理道路交通事故损害赔偿案件适用法律若干问题的解释》第13条第1款

参考判例

2020年9月27日5时30分，在北京市某红绿灯路口处，大浩驾驶轻型封闭式货车由南向北行驶遇红灯停车等候放行时，适有大壮驾驶轻型厢式货车同方向由后驶来，轻型厢式货车前部与轻型封闭式货车后部相撞，造成两车损坏，大浩受伤。经交管部门认定：大壮负事故全部责任。大浩诉至法院要求赔偿其相关损失。

法院认为，本案中，大壮对事故负全部责任，事故车辆投保有交强险及100万元的商业三者险，故大浩的合理损失应由保险公司在交强险限额及商业三者责任保险限额内理赔，如仍有不足的，由大壮赔偿。法院最终判决保险公司在交强险范围内给付原告大浩医疗费3000元、精神损害抚慰金10000元、残疾赔偿金20000元（合计33000元）；商业三者保险限额内给付原告大浩医疗费74572.61元、住院伙食补助费500元、营养费3000元、护理费9000元、残疾辅助器具费400元、误工费18000元、交通费150元、残疾赔偿金（含被扶养人生活费）94377.39元（合计200000元）；被告大壮支付原告大浩残疾赔偿金43942.11元。

原：北京市西城区人民法院（2021）京0102民初32383号案

汽车驾驶员肇事逃逸，谁来赔偿受害者

交强险赔偿。

交强险是一种强制性保险，设立目的在于保障机动车交通事故受害人能够得到及时的救助。即便肇事司机事后逃逸，出于社会公共利益的考量，亦应进行赔偿。

法律对此亦有明确规定，机动车驾驶人发生交通事故后逃逸，该机动车参加强制保险的，由保险公司在机动车强制保险责任限额范围内予以赔偿；机动车不明、该机动车未参加强制保险或者抢救费用超过机动车强制保险责任限额，需要支付被侵权人人身伤亡的抢救、丧葬等费用的，由道路交通事故社会救助基金垫付。道路交通事故社会救助基金垫付后，其管理机构有权向交通事故责任人追偿。

依据：《中华人民共和国民法典》第1216条

参考判例

2018年9月6日，大壮驾驶轿车（车主大磊）行驶至飘香火锅店门口公路处时，与同方向行驶的大浩驾驶的电动三轮车发生交通事故，致大浩受伤，双方车辆受损，事故发生后大壮弃车逃逸。大浩起诉至法院要求赔偿相关损失。法院判决书确认大壮应支付给大浩的医疗费、交通费、住院伙食补助费、营养费共计86685.66元，大壮应支付给大浩的后期治疗费、护理费、误工费、残疾赔偿金、交通费、车损、评估费共计222580.79元。保险公司在交强险范围内已向大浩支付122000元，大壮垫付了剩余的部分费用。后大壮向法院起诉要求保险公司赔偿其垫付给大浩的各项损失。

法院认为，大磊在保险公司投有机动车商业三者险50万元，合同中将法律禁止的肇事逃逸作为免赔情形，且保险公司尽到了说明义务，该条款有效。原告大壮经实际车主允许合法使用车辆，应受合同约束。且原告大壮在取得驾驶资格的过程中，亦应当知晓肇事后不能逃逸。原告大壮在垫付大浩各项费用后，认为被告保险公司应当向原告大壮支付保险金的诉讼请求，本院不予支持。

原：河南省驻马店市中级人民法院（2020）豫17民终2233号案

车被偷了，然后收到通知说发生了交通事故，责任谁承担

由偷车的人承担责任，车主不承担责任。

法律明确规定，盗窃、抢劫或者抢夺的机动车发生交通事故造成损害的，由盗窃人、抢劫人或者抢夺人承担赔偿责任。盗窃人、抢劫人或者抢夺人与机动车使用人不是同一人，发生交通事故造成损害，属于该机动车一方责任的，由盗窃人、抢劫人或者抢夺人与机动车使用人承担连带责任。

以上简单来说就是：张三的车被李四偷了，李四开车发生事故，李四承担责任；如果李四偷了车之后给王五使用，王五开车发生事故，就是李四和王五承担连带责任。

重要的是，如果发现自己的车辆被盗，一定要第一时间通过向公安机关报案等方式把这一事实固定下来，一旦将来自己的车辆发生交通事故，这是主张车辆失窃自己免责的重要证据。

从交通事故受害者的方面来说，如果找不到偷车的人或者驾驶偷来的车肇事的人，可以起诉承保被偷车辆交强险的保险公司要求赔偿，如被偷车辆未投保交强险或交强险已经脱保，一般会由所在地道路交通事故社会救助基金垫付。

依据：《中华人民共和国民法典》第1215条

参考判例

2020 年 5 月 8 日，大伟将摩托车停放在住房的楼下。5月 9 日下午，大伟发现车辆不在后，向公安局报警。

2020 年 5 月 9 日，大强饭后散步途中，被身后行驶而来的摩托车撞倒受伤。事故发生后，摩托车驾驶员弃车逃离现场，大强家属报警。公安部门受理案件后，调取了沿路监控视频，由于事发时间为晚上，视频条件很差，无法查实该摩托车驾驶员的踪迹和信息。经查询，该摩托车登记车主为大浩。大强诉至法院要求赔偿其相关损失。

法院认为，大伟提交的公安局受案回执可以证明肇事车辆被盗，由盗窃人使用肇事车辆造成本案事故发生的事实，本院予以认定。被盗窃车辆发生交通事故造成损害的，应由盗窃人承担赔偿责任。大伟作为肇事车辆使用人，大浩作为肇事车辆的转让人，在该摩托车被盗期间发生交通事故造成的原告损失，大伟、大浩没有过错，不应承担本案的赔偿责任。另，肇事车辆未参加强制保险，需要支付被侵权人人身损失抢救费用的，由道路交通事故社会救助基金垫付。

原：湖南省浏阳市人民法院（2021）湘 0181 民初 6552 号案

酒驾导致交通事故，保险公司赔吗

交强险应该赔偿，商业险则需视情况而定。

法律规定，即便在"驾驶人未取得驾驶资格或者未取得相应驾驶资格""醉酒、服用国家管制的精神药品或者麻醉药品后驾驶机动车发生交通事故""驾驶人故意制造交通事故"这三种情况下，交强险保险公司也应当在责任限额内予以赔偿。当然，保险公司赔付后，可以向相关责任人进行追偿。

而商业险则需要看保险合同中是否对于酒驾情形加以约定，因酒后驾车属于法律明令禁止的行为，如保险合同中存在诸如"对于因饮酒驾车和醉酒驾车造成的人身财产损失，商业车险均不予以赔付"条款，且保险公司已对该条款做了充分的提醒，则司法实践中通常会认可该条款的效力，因此商业险保险公司无须赔付。

依据：《最高人民法院关于审理道路交通事故损害赔偿案件适用法律若干问题的解释》第15条第1款、《最高人民法院关于适用〈中华人民共和国保险法〉若干问题的解释（二）》第10条

参考判例

2014 年 12 月 7 日 17 时 30 分，大壮酒后驾驶轿车行驶至东方村东侧时，与对行停在公路北侧大浩驾驶的二轮电动车相撞，大浩受伤，车辆损坏。大壮未按照驾驶证载明的准驾车型驾驶机动车、酒后驾驶机动车上道路行驶，未确保安全行驶的违法行为是造成本次道路交通事故的全部原因。大浩诉至法院要求赔偿相关损失。

法院认为，机动车发生交通事故造成损害的，首先应当由保险公司在交强险限额内承担赔偿责任，不足部分，依据交通事故责任者按照所负交通事故责任承担相应的损害赔偿责任。交强险保险公司对被告大壮无证、酒后驾驶造成原告大浩的人身损害应当承担赔偿责任，交强险保险公司在承担赔偿责任后，享有追偿的权利；对被告大壮给原告造成的财产损失，以及交强险以外的损失由被告大壮承担赔偿责任。

原：山东省德州市陵城区人民法院（2015）陵民初字第 94 号案

驾车撞上了未进行醒目提示的公路限高杆，应该由谁来承担责任

应由管理该道路的单位担责，通常为所在地交通管理局或有相应管理权限的政府部门和单位。

道路管理单位或经营单位对道路负有安全保障义务，这其中就包括对道路设备进行维护、管理及保障驾驶车辆安全的义务。限高杆是由道路管理者经审批后设置的，目的是防止过高或超载车辆驶入相应车道，避免对相关道路或其他车辆造成损毁或安全隐患，但限高杆并非可以随意设置，其应当确保位置合理、标识醒目，使进出的车辆在驾驶过程中按照正常人的注意力能够提前注意或知道。

限高杆若未进行醒目提示或者因年久失修破损，导致行驶车辆无法有效注意到时，道路管理单位或经营单位则会被认定为"未尽到安全保障义务"，若由此造成驾驶人人身或财产损害的，道路管理单位或经营单位将构成侵权，应承担相应的侵权责任。

依据：《中华人民共和国民法典》第1198条

参考判例

大强驾驶电动自行车沿某道路由北向南行驶至铁路立交桥东侧辅道时，碰撞限高杆立柱受伤。事故发生后大强被送往医院治疗，经医治无效死亡。大强的继承人以事故发生时东侧限高杆的北面没有黑黄相间警示漆，且无防撞箱，当地铁路局没有按照安全设计规范进行设置，对限高杆的管理维护存在过错为由，向铁路局主张死亡赔偿金、丧葬费、抚养费、精神损害赔偿及其他费用共计约97万元。

铁路局辩称，大强在发生事故时是逆向行驶，违反了交通法规，后果是其自身原因造成的，铁路局并无过错；涉案限高架设有防撞箱，黑黄警示标志清晰，也有3.1米的限高标志，地面标志线清晰，达到了警示的要求，铁路局不应承担责任。

法院认为，从大强继承人提交的照片可知，事发时限高杆横梁及立柱南侧有黑黄相间警示条纹，立柱前方有防撞箱，但北面并未涂有警示漆。限高杆双面涂刷警示漆并非意在鼓励道路违法行为，而是重在告知警示含义，作为疏导、分流道路压力的道路障碍工具，自身存在的风险隐患高于指引标志或红绿灯等其他警示标志，应综合考虑行人出行习惯、安全风险等予以设置、管理和维护。铁路局作为涉案限高杆横梁及立柱的管理义务人，负有对限高杆的设置、管理、维护义务，故应对大强的死亡承担相应民事赔偿责任，考虑到事故发生时，大强系逆向行驶，对其死亡后果有重大过失，应当减轻铁路局的赔偿责任，酌定由铁路局承担40%的赔偿责任。

原：山东省济南市中级人民法院（2019）鲁01民终12034号案

去4S店买车，在试驾过程中发生交通事故，责任由谁承担

应由4S店和试驾人根据各自过错程度承担相应责任。

试驾是4S店销售行为的有机组成部分，具有营利性质，且作为专业汽车销售机构应对由此产生的风险作出完善的防范措施，此外试驾人对自己的驾驶行为亦负有谨慎注意义务。

4S店的过错通常体现在：（1）未对试驾流程加以规范；（2）未对试驾人驾驶资格加以审核；（3）未对试驾人试驾过程加以充分指导；（4）试驾人作出超越试驾区域、试驾车速等行为时未进行及时制止。

试驾人的过错通常体现在：（1）无证驾驶；（2）驾驶了超出自己驾照范围的车辆；（3）驾车驶出指定的试驾区域；（4）超越规定的试驾速度驾驶车辆。

依据：《中华人民共和国民法典》第1165条、《最高人民法院关于审理道路交通事故损害赔偿案件适用法律若干问题的解释》第6条

参考判例

大强到某 4S 店处申请试驾某车型，并签订试乘试驾同意书，载明"本人将严格遵守相关法规要求，并服从 4S 店的指示，否则，对试驾过程中造成对自身或他人的人身伤亡、4S 店或他人财产的一切损失，本人将承担一切责任"。后大强在 4S 店工作人员陪同下驾驶过程中，超出其指定的驾驶区域，将大明撞倒致其受伤。经交警认定，大强对交通事故负担全部责任。后，大明起诉至所在区人民法院，法院确认大明支付的医药费总额为 466798.82 元，其中 4S 店垫付 409687.65 元，大强承担 13716 元。后，4S 店起诉要求大强偿付其垫付的医药费 409687.65 元。

法院认为，试乘试驾同意书中的相关条款属于减轻 4S 店责任，加重试驾人责任的格式条款，因此无效，具体责任需根据双方的过错加以承担。根据法院已作出的民事判决，对于保险公司赔偿后的不足部分，4S 店与大强的责任是 40% 和 60%，应由 4S 店与大强共同赔偿的医疗费总额为 466798.82 元 – 保险公司赔付的医疗费 43395.17 元 =423403.65 元，扣除 4S 店可以从保险公司处理赔的 58203.23 元，剩余的 365200.42 元，应由 4S 店承担 146080.17 元，由大强承担 219120.25 元。又大强已经支付给大明 13716 元的医药费，剩余的部分均是 4S 店垫付的，故大强应将 205404.25 元退还给 4S 店。

原: 天津市武清区人民法院（2014）武民二初字第 474 号案

驾驶学员在驾校学习期间发生交通事故的，责任由谁承担

由驾校承担。

法律规定，学员在学习驾驶中有道路交通安全违法行为或者造成交通事故的，由教练员承担责任。又根据法律关于"用人单位的工作人员因执行工作任务造成他人损害的，由用人单位承担侵权责任"之规定，教练员属于驾校的工作人员，因此，实际的责任承担主体是驾校。不过，如果教练员对于学员在学习驾驶中交通事故的出现存在故意或者重大过失的话，驾校在承担责任后，可以向教练员进行追偿。

此外，《最高人民法院关于审理道路交通事故损害赔偿案件适用法律若干问题的解释》第5条也对此予以明确："接受机动车驾驶培训的人员，在培训活动中驾驶机动车发生交通事故造成损害，属于该机动车一方责任，当事人请求驾驶培训单位承担赔偿责任的，法院应予支持。"

依据:《中华人民共和国道路交通安全法实施条例》第20条第2款、《中华人民共和国民法典》第1191条第1款、《最高人民法院关于审理道路交通事故损害赔偿案件适用法律若干问题的解释》第5条

参考判例

2019 年 5 月 30 日 17 时 42 分，大伟驾驶 SUV 在行驶时，与行驶方向前方停于道路上的小轿车相撞，造成两车受损、大伟受伤的交通事故。该小轿车属于四方驾校，由教练员大磊指导学员小静驾驶，已在保险公司投保。后大伟诉至法院要求赔偿其各项损失 161006.78 元。

法院认为，此次交通事故造成大伟受伤，大伟理应得到赔偿。关于本案的责任承担，该事故经交警部门认定，大伟与大磊承担主次责任，第三人小静无责任，因此酌定大磊承担 30% 的赔偿责任，大伟承担 70% 的责任。另外，大磊系四方驾校雇请的教练员，在本次交通事故中系履行职务行为，故大磊应承担的赔偿责任由四方驾校承担。法院最终判决保险公司赔偿大伟 144080.29 元，四方驾校赔偿大伟 2302.28 元。

原：四川省成都市中级人民法院（2020）川 01 民终 11530 号案

拼车出游发生车祸谁负责

这个需要根据交通事故责任认定情况、驾驶人及拼车人各自的过错程度、拼车是否营利等因素综合认定。

如果交警认定事故责任方并非拼车驾驶员，而是其他车辆驾驶员或行人，则相应损失应由对应事故责任方承担，与拼车驾驶员无关。

但如果交警认定拼车驾驶员对交通事故应承担相应责任时，其所承担的责任可以在满足特定条件时有所减轻，包括：

其一，拼车的人是免费搭乘，且车祸的发生并不是驾驶员故意或重大过失导致的。所谓故意或重大过失常见情形为驾驶员不遵守交通规则，故意闯红灯，或者驾驶员明知车辆有较大安全隐患，还坚持搭人的。

其二，拼车的人虽然付了一定的路费，但该路费仅仅是为了和驾驶员分摊出行成本，驾驶员无法以此获利，且车祸的发生并不是驾驶员故意或重大过失导致的。

其三，拼车的人对车祸发生存在相应过错。比如拼车的人在明知车辆有安全隐患或明知驾驶员饮酒仍执意乘坐，以及拼车的人在车辆驾驶过程中干扰驾驶员导致车祸发生的。

依据：《中华人民共和国民法典》第1213条、第1217条

参考判例

小佳与大磊系朋友关系，双方与另两位朋友共同约定于某日拼车出游。当日早上，大磊驾车接载小佳及另两人。回程时，大磊开车沿某道行驶时，因躲避路上动物操作不当导致车辆失控冲出道路撞上路边树木，致大磊、小佳等人受伤。事发后，附近村民将受伤人员救出，施救过程中发现乘坐副驾驶的小佳未系安全带并已昏迷。经交警部门认定，本次事故系单方事故，大磊承担事故的全部责任。

小佳出院后申请伤残等级、误工期限鉴定，身体多处损伤被评定为八级伤残或十级伤残；误工期限被评定为 300 日。后小佳向法院起诉，要求大磊赔偿医疗费、护理费、误工费、残疾赔偿金等经济损失共计 78 万余元。

法院认为，首先，小佳与大磊等人一起相约外出游玩，游玩过程中门票采取 AA 制，油费实际是由大磊与另一朋友支付的，大磊未向乘坐人收取任何费用，是一种无偿行为。退一步讲，即使乘坐人分担了油费，其分担的仅为车辆运行的基本成本，大磊未从中获得任何利益，大磊出于情谊允许小佳无偿搭乘车辆，小佳与大磊构成好意同乘。基于好意同乘状态，大磊可以减轻 30% 的责任。其次，根据相关人员陈述及证据显示，证实小佳在被救出时未系安全带，小佳自身对损害结果也有过错，应当相应减轻大磊的责任。综合上述两点理由，认定大磊的责任比例应为 65%。

原：山东省青岛市中级人民法院（2019）鲁 02 民终 2086 号案

跟团旅游中，游客在自由活动期间玩自费项目时受伤，旅行社是否要承担责任

如果旅行社没有尽到必要的提示和救助义务，就需要承担责任。

法律规定，旅行社安排的自由活动期间（自费项目通常就安排在此期间）、游客不参加旅游行程的活动期间以及游客经导游或者领队同意暂时离队的个人活动期间等，都属于旅行过程中的自行安排活动期间，在此期间游客如果遭受人身损害、财产损失，旅行社需要尽到必要的提示义务（比如旅行社事先需要充分告知旅行者自费项目的相关风险）、救助义务（即如果发生人身财产损失，旅行社应第一时间采取有效措施展开救助），如果旅行社没有尽到上述义务，则应当对旅游者的人身财产损失予以赔偿。

需要注意的是，在司法实践中，如果旅游者参加的自费项目明显属于高风险项目，但旅游者仍然无视风险参加该项目，则法院也会酌情让旅行者自身承担一部分责任。

依据：《最高人民法院关于审理旅游纠纷案件适用法律若干问题的规定》第17条

参考判例

2019 年 6 月 21 日，小佳作为甲方与远行旅行社签订了境内旅游合同，约定行程为"昆明、大理、丽江、玉龙雪山、香格里拉、泸沽湖 10 日游"。2019 年 6 月 24 日下午，小佳参加规定行程，在游览拉市海国家湿地公园的过程中，参加了自费骑马项目，小佳在骑马游览过程中从马背上跌下受伤，诉至法院要求赔偿相关损失。

法院认为，本案中，小佳按照远行旅行社的行程安排参观拉市海国家湿地公园，并参加了自费项目骑马，骑马属于具有一定危险性的项目，作为旅行团的领队或工作人员应履行一定的安全告知和警示义务。小佳在骑马游览过程中摔伤，远行旅行社未举证证明其已经尽到一定的安全提示义务，其应承担举证不能的法律后果，故应对小佳的人身损害承担违约责任。同时，小佳作为正常成年人，在旅游过程中也应注意自身的安全，特别是参加骑马这样具有一定危险性的自费项目时，更应注意其中的安全隐患，故原告小佳对自己摔伤也应承担一定的责任。综合本案实际情况，法院酌定由原告小佳自行承担 10% 的责任，被告远行旅行社对小佳受伤承担 90% 的责任。

原：云南省昆明铁路运输法院（2021）云 7101 民初 39 号案

乘坐出租车或者网约车在交通事故中受伤，该向谁索赔

交通事故发生后一般会由交管部门进行事故责任认定，不同的责任认定会导致索赔对象有所不同。

首先，受伤的乘客可以要求保险理赔。由被认定事故责任的出租车或网约车司机或第三方所投保的机动车交强险保险公司进行理赔，如果司机或第三方的车辆还投保了商业保险，乘客还可以要求进行商业保险理赔。

其次，如果保险赔偿不能弥补实际损害，乘客还可以继续向造成交通事故的责任方请求损害赔偿，这里的责任方可能是所乘坐的出租车或网约车司机，也可能是第三方，或者前述两者根据各自责任比例承担相应损失。

另外，在司法实务中，往往会认定出租车或网约车司机实际与出租车运营公司或网约车平台公司形成了劳动或劳务关系，其对司机造成的事故损害应承担赔偿责任。因此，如果司机在事故中被认定存在相应责任，受伤乘客还可以同时向出租车运营公司或网约车平台公司同时主张损害赔偿，最大限度保障自身权益。

依据:《中华人民共和国民法典》第1192条、第1213条,《中华人民共和国道路交通安全法》第76条

参考判例

2020 年 11 月，大壮驾驶货车与大辉驾驶的普通客车相撞，造成大辉车上的乘车人小佳死亡，其他人受伤。道路交通事故认定书认定大辉与大壮在本次道路交通事故中承担同等责任，乘车人小佳不担责。大辉使用 APP 从事网约车服务。春风公司是该 APP 的所有人，对大辉的身份证、驾驶证、行驶证、运营证、网约车从业资格证进行了审核。大辉每月给春风公司支付 100 元软件服务费。死者小佳的手机上显示"网约车，本人乘车，行驶中"。而后，小佳近亲属提起诉讼，要求春风公司、大辉、大壮等赔偿损失。

法院认为，大辉是春风公司的网络预约出租汽车驾驶员。春风公司向大辉、小佳提供扫码服务，授权大辉与小佳订立网约车服务合同。小佳通过扫码模式发出订单，大辉在该平台接单确认，小佳与春风公司之间已经成立运输合同，春风公司自合同成立之时起应当承担承运人的安全运输责任，故春风公司应当承担对死者小佳相应的损害赔偿责任。最终，法院判处保险公司（大壮货车已投保）赔偿 583041 元，大辉和春风公司赔偿 437980 元。

原：重庆市第四中级人民法院（2021）渝 04 民终 1778 号案

欠条没写还钱期限，欠钱者是不是就可以一直赖账了

要看是什么性质的"欠条"。

实际中往往有两种类型的欠条：一种是因借款而签订的欠条，通常又被称作"借条"或"借款协议"；另一种是因买卖、租赁、劳务、承包等事实产生欠款而签订的欠条。前述两种类型的欠条在没写还钱期限时，可能会产生不同的法律后果。

因借款而签订的欠条，形成的是借贷关系，只要该欠条所载借贷关系真实合法有效，欠钱者以"欠条未写还钱期限"为由拒绝还钱则不能受到法律保护。通常来讲，出借资金的人可以和欠钱者签订补充协议，以便确定具体的还款日期；如果不能达成补充协议，出借人则可以随时要求欠钱者还款，但要求还款时应当给欠钱者预留合理的准备时间。

因买卖、租赁、劳务、承包等事实产生欠款而签订的欠条，实质上是各方对前述经济往来的资金结算。如果欠钱者一直赖账，从签订欠条之日起三年内，收款人始终未向欠钱者要求还款的话，收款人再通过诉讼主张还款则可能会被法院认定超出诉讼时效而无法获得胜诉判决。因此，对于此种欠条，收款方最好通过书面文件的形式尽快要求欠钱者还款，固定证据，为维权做好准备。

依据：《中华人民共和国民法典》第188、第195、第510、第675条

参考判例

2014 年，大壮向阳光公司购买风机设备，仅支付了部分货款，余款 125610 元未支付，为此大壮于 2014 年 11 月 11 日为该公司出具欠条，内容为："欠条截至 2014 年 11 月 11 日，欠货款共计 125610 元整。"阳光公司称自 2014 年 11 月 11 日大壮出具欠条后，其陆续分五笔归还了 33200 元，最后一次还款为大壮于 2018 年 5 月 18 日通过微信向阳光公司法定代表人转账 5000 元，大壮尚有 92410 元欠款未向阳光公司偿还，故阳光公司于 2018 年 7 月 24 日诉至法院，要求大壮支付货款 92410 元。

法院认为，大壮因欠阳光公司货款于 2014 年 11 月 11 日出具欠条。双方在欠条中没有约定还款时间，大壮自 2014 年 11 月 11 日至 2018 年 5 月 18 日分五次向阳光公司支付货款 33200 元，还欠货款 92410 元。其中最后一次还款为大壮于 2018 年 5 月 18 日通过微信向阳光公司法定代表人转款 5000 元，系双方当事人履行合同的行为。大壮抗辩自立欠据时起算超出诉讼时效无法律依据，因此阳光公司就剩余债权于 2018 年 7 月 24 日向其主张并未超过诉讼时效，应予支持。

原：山东省高级人民法院（2020）鲁民申 3398 号案

朋友通过微信语音找我借钱，没打借条，还能要得回来吗

我国现行法律对自然人之间的借款并不要求必须以书面合同的形式进行约定，因此，朋友通过口头约定向你借款，只要你有证据证明你向朋友出借了款项，即便没打借条，钱也是可以要回来的。

而在没有借条的情况下，证明借款真实发生相当重要，如果对方否认借款，而你又不能证明向朋友转账或交付的资金是借款，那么你打官司仍可能会败诉。作为出借人，我们应当做好留证工作，以防不时之需。

当朋友通过电话、视频通话或语音通话找你借钱时，建议从如下方面进行准备：及时将通话过程进行录音，若没机会或忘记录音，也应在通话结束后尽快通过短信、微信文字聊天的方式确认朋友借款的事实，比如询问对方借款的具体数额、还款期限和收款账户等信息。而出借的资金建议通过银行转账的方式借出，在转账时应备注转账用途为借款，并保留转账凭证或记录。转账完成后，应及时向朋友确认是否已收到借款，并保留相关聊天记录。

依据：《中华人民共和国民法典》第668条、第679条

参考判例

小柔与大壮于 2019 年 1 月通过婚恋网站认识，后发展为男女朋友关系。小柔称大壮在与其交往期间以工程周转资金不足、父亲病危、还他人借款等理由多次向其借款共计 191000元，上述借款应大壮要求，均以现金方式交付给大壮。后小柔通过电话和微信等方式多次催告还款，但大壮一直拖延；大壮则否认其曾向小柔借款，为此小柔起诉。

法院认为，小柔主张的借款发生在其与大壮的恋爱期间，故不能仅以双方没有形成书面借条或转账记录就否定双方之间存在借贷关系的可能。小柔主张的每笔借款发生期间，大壮微信均为本人使用。从双方的微信聊天记录可知，大壮告诉小柔因工程需要而经常各地跑，且经济状况不佳，经常向小柔要钱。而小柔就其主张出借给大壮的款项，已提交相应的银行取款流水，双方的微信聊天记录亦能印证小柔主张的借款原因及交付情况。从大壮向小柔发送的微信"不过不要在微信上面说这么多"以及"我交代你那个事你处理好啦？钱取出来啦？"可以看出，大壮有让小柔取现交付借款，并刻意不在微信中留有痕迹的习惯。微信聊天记录显示小柔对于其出借给大壮的每笔款项及累计的借款总额已多次在微信中明确向大壮提出，但其均无正面回应，在小柔催得紧时会进行微信语音通话，可见大壮亦是刻意不在微信中留痕迹。综上，大壮、小柔之间的借贷关系真实存在，结合相关证据，按 2020 年 3 月 28 日双方在微信语音通话时提及的 185000 元总额被认定为本案的借款金额。

原：广东省佛山市南海区人民法院（2021）粤 0605 民初 1086 号案

有了借条，就一定能要回钱吗

不一定。

借款关系是否成立本质上是要看借贷双方之间是否存在真实的借款，如果双方只签了借条，但出借人从未提供过借款，出借人自然不能向对方主张返还借款。

如果借贷双方之间存在真实的借款，但只签了借条，而没有证据可以证明借款金额和款项交付事实时，比如以现金支出，也没有录音录像或相关证人，如果对方否认借款，出借人很有可能会因举证不足而无法追回借款。

当然，司法实践中对于查证借款事实是否发生并非采取一刀切的方式，往往需要结合借款金额、款项交付、当事人经济能力、当地或当事人之间的交易方式与交易习惯、当事人财产变动情况、证人证言等诸多事实和因素来判断。因此，对于真实出借资金的借款人而言，建议采取银行转账等可追溯资金流向的方式出借款项，同时应尽可能多地留存与借款相关的证据，如借条、借款协议、银行转账记录、微信、邮件聊天记录、录音录像以及证人证言，以备不时之需。

此外，如果借条所约定的还款时间已过诉讼时效（通常为三年），则也有可能要不回钱。

依据：《中华人民共和国民法典》第679条，《最高人民法院关于审理民间借贷案件适用法律若干问题的规定》第9条、第15条

参考判例

从 2013 年开始，大辉在大壮处多次借款。2016 年 8 月 31 日，大辉向大壮出具借条一份，载明"今借到大壮现金贰拾万元整，订于公司上市分红时一次性支付，中途不存在任何利息费用，不上市按息 0.02% 付。备注：原有所有借据全部作废。借款人：大辉，证实人：大伟、小佳"。后大辉公司没有上市，大辉亦未还款，大壮经催收未果，诉至法院。

法院认为，对于 2016 年 8 月 31 日 20 万元借条的资金组成，原一审过程中，大壮主张是双方多次现金借款结算而成，没有银行流水佐证；一审再审过程中，大壮陈述该款是双方多次借款结算而成，期间一直借的是现金，有时是刷信用卡支付给大辉的，并陈述是因为在大辉公司入股为拿到公司分红才一直陆续借钱给大辉；本案二审庭审中，大壮却主张 20 万元中 10 万元是自己向其他朋友所借，然后再分两次出借给大辉，另外 10 万元本是公司的分红和会员费用，但被大辉盗用所得。大壮的陈述前后不一。现大辉对借款 20 万元的事实不予认可，大壮虽然持有借条，但无法清楚说明借款的资金组成、来源及交付情况，结合双方发生纠纷的经过及大辉的还款情况，对大壮主张出借 20 万元给大辉的事实，本院不予采信。

原：贵州省遵义市中级人民法院（2021）黔 03 民再 103 号案

"父债子偿，自古皆然"，父母欠的钱，子女是否一定要还

"父债"原则上不需要"子偿"。

法治社会遵循民事意思自治、合同相对性等原则。父母向他人借钱，意味着父母与他人就借款独立达成了一致性约定，双方间成立借款协议，该协议仅仅约束父母与出借人。若子女没有作为共同借款人签订前述协议，则子女一方完全不用受协议的约束，当然也不需要替父母还钱。

但是，特定情况下，"父债子偿"仍然可能发生。如果父母去世，子女因此继承了父母的遗产，子女则需在所继承遗产范围内"替父偿债"，也就是说，遗产价值不能覆盖父母欠债的话，子女以遗产还债即可，不需要再以自身财产继续还债。当然，如果不愿意"替父偿债"，你也可以选择放弃继承遗产。

此外，若子女在父母借钱时承诺以保证人身份担保还债时，一旦父母欠债不还，子女则可能会被追究保证责任，要求偿还父母债务。只不过此种情况下子女并非真正意义上的"债务人"，因为子女在"偿债"后可向父母追偿已付欠款。

依据:《中华人民共和国民法典》第465条、第1159条、第1161条

参考判例

大伟从事建筑行业期间，常向大浩赊购钢材等物品并向其借款。2019 年 6 月 6 日，大伟向大浩出具"借条"一份，载明：今大伟借到大浩人民币 150 万元，用于资金周转，借款期限自 2019 年 6 月 6 日起至 2019 年 12 月 5 日止，共 6 个月。大浩根据借条金额已向大伟进行转账。后大伟于 2021 年 4 月 9 日因病去世，其所欠大浩借款未还。大浩向法院起诉要求大伟老婆、女儿等继承人偿还债务。

法院经审理认为，本案系被继承人大伟死亡时遗留的尚未清偿的债务引起的纠纷，原告大浩共借款给大伟 150 万元的事实，有其提供的中国建设银行储蓄卡客户交易明细清单、借条、短信聊天记录等证据证明，应予确认。大伟老婆、女儿等人均系大伟的遗产继承人，且以上继承人均未放弃对大伟遗产的继承权。据此法院判决，大伟老婆、女儿等人在继承大伟遗产范围内对上述债务承担偿还责任。

原：贵州省高级人民法院发布适用民法典典型案例之八

上门讨债也会犯法吗

上门讨债方式方法不恰当，很有可能违法。

非法上门讨债通常包括：未经债务人同意强行进入其家中或者单位，比如暴力破门进入、趁人不备私自进入；故意赖在债务人家中影响其起居生活；通过打、砸、抢等暴力方式逼迫债务人还款；聚众堵门，故意扰乱债务人住宅或单位环境；等等。

以上不恰当的方式往往会因损害他人财产、威胁他人健康、侵犯个人隐私或者扰乱公共秩序而被认定违法，情节轻微者会构成民事侵权，需赔偿受害人损失，严重者则会触犯《中华人民共和国治安管理处罚法》，面临被罚款、拘留等处罚，情节更严重者还有可能触犯刑法，构成犯罪。因此，上门讨债一定要采取合理合法方式进行，莫要让"有理变成无理"。

依据：《中华人民共和国民法典》第1033条，《中华人民共和国治安管理处罚法》第23条、第40条，《中华人民共和国刑法》第234条、第245条、第275条

参考判例

2019年2月4日20时许，在北京春风机械设备有限公司院内，大壮因债务纠纷对该公司负责人大强心生不满，驾驶挖掘机对该公司内地磅、彩钢屋面、办公楼等厂房设施及停放于此的多台车辆进行破坏。经鉴定，厂房设施损失价格为人民币15.2085万元；涉案车辆损失价格为人民币27.4185万元。2019年4月22日，大壮主动投案。后检察院提起公诉。

法院认为，大壮故意毁坏他人财物，数额巨大，其行为触犯了《中华人民共和国刑法》第275条之规定，犯罪事实清楚，证据确实、充分，应当以故意毁坏财物罪追究其刑事责任。大壮认罪认罚，依据《中华人民共和国刑事诉讼法》第15条的规定，可以从宽处理。大壮主动投案，到案后能够如实供述犯罪事实，依据《中华人民共和国刑法》第67条第1款规定，系自首，依法可以从轻处罚。民事问题已和解，可以酌情从轻处罚。

原：北京市顺义区人民检察院京顺检一部刑诉（2020）470号案

子女已经移民，还能继承国内父母的遗产吗

通常都能，除非父母立有遗嘱且遗嘱所涉遗产未分配给已移民的子女，或者子女存在法定丧失继承权的情形。

我国保护自然人的继承权，个人是否存在继承权与国籍没有任何关系，而是要看是否符合《中华人民共和国民法典》有关继承的相关规定。在法定继承项下，子女是父母遗产的第一顺位继承人之一，无论子女是否移民，其与父母间的亲属关系不会消灭。

当然，如果父母生前已立下遗嘱，只要遗嘱有效，已移民的子女则需遵循遗嘱继承，依然与国籍无关。

此外，如果子女存在如下情形的，则会被法律剥夺继承权，包括：故意杀害父母的，为争夺遗产杀害其他继承人的，遗弃父母的，有严重虐待父母情节的，有严重伪造、篡改、隐匿或销毁遗嘱情节的，有以欺诈、胁迫手段迫使或者妨碍父母设立、变更或者撤回遗嘱情节的，而相关情节的认定目前并无统一标准，法院会在具体案件中结合实际情况进行个案认定。

依据：《中华人民共和国民法典》第1070条、第1120条、第1125条

参考判例

大磊与小静系夫妻，共生育儿子大伟、女儿小清两个子女。大磊于 2004 年 4 月 1 日去世，小静于 2020 年 4 月 9 日去世。大磊名下留有位于北京市海淀区房产一套，经鉴定评估房屋现值为 816.1 万元。

小清从 1999 年 7 月移民加拿大后一直生活在加拿大，大伟常年生活在国内。对于上述遗产，小清要求平均分割，大伟则认为其对父母尽了较多的赡养义务，故要求涉案房屋归自己所有，其给付小清 40% 的房屋折价款。小清对此不予认可，认为其属工作原因无法回国，但同样通过电话方式尽到了对老人的精神抚慰义务。后双方诉至法院。

法院认为，同一顺序继承人继承遗产的份额，一般应当均等。对被继承人尽了主要扶养义务或者与被继承人共同生活的继承人，分配遗产时可以多分。因小清长期生活在国外，父母的生活主要由大伟照顾，故大伟尽了较多的赡养义务，在分配房产时，应适当予以多分。大伟要求房屋归其所有，其给付小清评估价格的 40% 折价款，法院予以准许。

原：北京市海淀区人民法院（2021）京 0108 民初 23251 号案

抵押给银行的房子，我还能再卖吗

这得先看跟银行签订的抵押合同是如何约定的。

如果抵押合同中有"房屋在抵押期间禁止出售或转让"等类似表述的，将房子擅自转卖给第三方，容易产生法律纠纷。一方面，房主会因违反抵押合同的约定而被银行追究违约责任；另一方面，房主也会因存在抵押登记导致与第三方所签订的房屋买卖（转让）合同无法办理过户而需承担相应的合同责任。

如果抵押合同中并未禁止房子在抵押期间出售或转让，房主将转让情况通知银行后即可正常转卖，而银行在房屋上的抵押权不会因转卖受影响，房主与第三方可相对顺利地进行房屋过户登记，实践中，这种情况被称为"带押过户"。目前，各地落实带押过户的政策会有所不同，如有相关需求的房主，建议提前咨询当地不动产登记部门做好相应准备。

依据:《中华人民共和国民法典》第406条

参考判例

2021年2月，大伟向好运房地产公司购买某小区两间门面房。大伟已支付全部购房款，好运房地产公司出具了收据并将上述门面房交付大伟使用。大伟多次要求好运房地产公司签订书面购房合同及办理房屋过户手续，但好运房地产公司已于2020年10月将上述门面房抵押给阳光公司并办理了抵押登记手续。因好运房地产公司经营困难，无力解除争议房屋上的抵押权，无法签订购房合同及办理房屋过户手续，大伟遂向法院提起诉讼，要求好运房地产公司与大伟签订商品房买卖合同，并提供资料协助大伟办理房屋产权登记手续。

法院审理认为，《中华人民共和国民法典》第406条第1款规定：抵押期间，抵押人可以转让抵押财产。当事人另有约定的，按照其约定。抵押财产转让的，抵押权不受影响。因此，抵押人转让抵押财产无需经抵押权人同意，转让合同的效力不受抵押权人同意与否的影响。本案中，大伟已支付了全部购房款并实际使用，双方之间形成房屋买卖关系，对大伟的诉讼请求，依法予以支持。故判决好运房地产公司与大伟签订符合办理产权证要求的房屋买卖合同，并提供资料协助大伟办理产权登记手续。

原：江苏省涟水县人民法院发布2021年度十大典型案例

生活和消费

《中华人民共和国民法典》
《中华人民共和国刑法》
《中华人民共和国民事诉讼法》
《中华人民共和国行政诉讼法》
《中华人民共和国治安管理处罚法》
《中华人民共和国著作权法》
《中华人民共和国商标法》
《中华人民共和国消费者权益保护法》
《中华人民共和国食品安全法》

生活无非衣食住行，拆开来基本上就是聚餐购物、装修租房、交通出行、旅游住宿、上网游戏等，这些都对应了特定的法律行为。我们大部分日常行为实质上都是权利与义务的集合，也往往是日常思维和法律思维出现较多差异的领域。

比如人们常说"白纸黑字，不容抵赖"，但在日常消费中，这就有例外。如果商家提供的制式合同中有明显排除消费者权利或对消费者不公平的格式条款（即通常所说的"霸王条款"）时，法律明确规定此类条款无效，这是因为消费者相对于商家而言较为弱势，缺乏协商合同条款的能力和条件，法律为保障消费者权益而作出了倾斜保护，目的在于防止不良商家以合同条款压榨消费者，从而实现个案中的公平正义。

在日常消费中，我们所享有的权利往往都对应相应的义务，这便是法律意义上的权利义务对等原则。以购物为例，我们通过向商家履行付费这一义务获得占有、使用商品这一所有权，而商家作为卖方，提供商品是其义务，获得报酬是其权利。任何一方只享受权利而不提供义务，另一方都可以向对方主张法律责任。

实际上，我们经常会出现"被侵权而不自知"的情况，这是由我们对自身权利不够了解所致。从法律上看，自然人的权利主要包括人身权和财产权。人身权是由人格利益所衍生，关乎个人生命与尊严，包括生命权、身体权、健康权、姓名权、肖像权、名誉权、隐私权、个人信息权等，而处分人身权利往往需遵循"本人同意"原则，否则大概率会构成侵权；而大家对财产权的认识也并非全面，除常见的各类物权（比如房子、车子、存款等所有权，土地使用权，股权），知识产权（如商标权、专利权、著作权）是无形的财产权，比如我们平时微信上的聊天内容、网上发的各类段子和图片都可能成为著作权所保护的对象。

有时候，我们还会陷入"违法而不自知"的境地。我们习惯于按既有常识或经验习惯去评判一件事孰是孰非，此种判断方式在大多数时候很奏效，这是因为法律本身系社会行为规范，其多数原则植根于社会公序良俗中。但是，并非所有常识或日常经验都一定合乎法律规定。一方面，个人常识或经验习惯往往具有个体或地域限制，缺乏普适性，而法律需要普适性，两者之间必然存在冲突；另一方面，社会是不断发展的，法律也需根据社会发展不断调整，而与时代发展不符的观念或习惯都有可能被淘汰，比如本部分内容所涉及的买卖野生动物、游戏开外挂等一般意义上我们认为很常见的事都会涉嫌违法，因此，不断提高法律意识对我们每一个人而言都很重要。

小区刷脸进门，这侵犯我的权利吗

如果你不同意采取刷脸识别的方式出入小区，物业强制你刷脸进出会构成侵权。

脸部照片、指纹等系个人生物识别信息，属于法律保护的个人信息，而个人信息的采集、使用，除法律、行政法规明确规定外，任何人采集、使用他人信息都必须征得本人同意，否则无论是否为合理、正当使用，都会侵犯个人信息权。

目前，我国禁止物业将人脸识别作为出入小区的唯一验证方式，也就是说，如果小区有业主不同意用刷脸的方式出入，物业应提供其他合理验证方式，比如刷门禁卡。因此，如果所在小区强制性刷脸进出，你若是不同意，完全可以要求小区设置其他合理验证方式，并且删除已经录入的人脸信息，从而避免个人信息被不当使用或泄露。

依据：《中华人民共和国民法典》第111条、第1034条，《最高人民法院关于审理使用人脸识别技术处理个人信息相关民事案件适用法律若干问题的规定》第2条、第10条

参考判例

小清居住于天津市某小区公寓，2020年2月，小区物业为疫情防控、智能管理，开始启用人脸识别系统作为业主及物业使用人出入验证方式，小清对此表示反对，诉至法院要求物业删除小清的人脸信息，并为其提供其他能保证其隐私权的便利的出入小区方式。

法院认为，小区物业基于涉案小区人员密集、安全防范难度较大的情况，从疫情防控、智能管理的目的出发，在征得业主及物业使用人同意的情况下，启用人脸识别系统作为业主及物业使用人出入验证方式，能够更精准识别出入小区人员，使小区管理更加安全、通行更加高效，在疫情防控中发挥了较大作用，并不违反法律规定。但是，根据2021年8月1日起施行的《最高人民法院关于审理使用人脸识别技术处理个人信息相关民事案件适用法律若干问题的规定》第10条规定，如果有业主或者物业使用人不同意采取上述验证方式而请求物业公司提供其他合理验证方式的，物业公司不能以智能化管理为由予以拒绝。小区物业以人脸识别验证方式系业主委员会同意拒绝为小清提供其他验证方式的抗辩理由，与前述规定相悖，法院不予采信。小区物业关于使用人脸识别验证方式是按照疫情防控的相关规定和要求的主张，亦无证据证实。故判决物业删除小清人脸信息并为其提供其他验证方式。

原：天津市第一中级人民法院（2022）津01民终349号案

家人在小区里被楼上掉下来的花盆砸伤了，但不知道是谁家的，应该怎么办

可以向两种人索赔，物主（部分业主或者全体业主）、小区物业。

首先，受害人应通过合理途径调查花盆来源，确定物主。可以向小区物业、周边商家、住户或路过行人调查，或者向辖区派出所申请调查。

如果无法锁定物主，我国法律也给出了保护路径——即"可能加害人补偿原则"，简单来说，由花盆可能的所有者证明自己不是花盆物主，如果不能证明，法律则推定其为"可能加害人"，受害人则可以向其主张补偿相应损失。比如，花盆明显是从二楼以上掉落的，但不能确定源于哪一层，则二楼以上所有业主为可能加害人。

此外，如果小区物业未对小区采取相应安全保障措施防止高空坠物的，受害人还可以同时向小区物业主张损害赔偿。

除了意外掉落的情况外，还有部分人故意从高楼抛掷物品，如果情节严重，此类行为还会涉嫌"高空抛物罪"，受害人则可以向公安机关报案，请求追究抛掷人的刑事责任。

依据：《中华人民共和国民法典》第1254条、《中华人民共和国刑法》第291条之二

参考判例

2016 年 3 月 16 日下午，为服从阳光大学房管办工作安排，大壮至阳光大学文体楼清运杂物。清理期间，为贪图方便，大壮直接将拆好的木板从三楼室内阳台往地面扔，在扔下第四块木板时砸中路经此处的大伟，导致大伟受伤。而后，检察院指控大壮犯过失致人重伤罪，在审理过程中，被害人大伟以阳光大学为被告向法院提起附带民事诉讼。

本案刑事部分判决如下：法院经审理认为，被告人大壮应该预见到自己的行为可能会造成他人人身伤害，却轻信能够避免，以致造成一人重伤，其行为已构成过失致人重伤罪，判处有期徒刑二年，缓刑二年三个月。

本案民事部分判决如下：事故发生之时，被告阳光大学与大壮之间签订劳务合同，大壮清理杂物工作应认定为大壮作为阳光大学的工作人员执行工作任务的行为。被告阳光大学未尽到对其工作人员的教育、管理及监督义务，对其工作人员的侵权行为应承担替代责任。大伟据此诉请阳光大学承担赔偿责任，符合《中华人民共和国侵权责任法》第 34 条第 1 款的规定，法院予以支持，判决被告阳光大学赔偿原告大伟 619643.2 元人民币。

原：浙江省宁波市中级人民法院（2018）浙 02 民终 1015 号案

小区外墙贴砖脱落导致行人受伤，应该由谁来承担责任

这个要看情况，不能一概而论。

如果该小区还在施工建设中，未交付业主使用，则应由建设单位与施工单位承担连带责任，实际中多为开发商及其委托的施工单位。

如果该小区已经竣工并交付业主使用，就要看该贴砖是在交付前就已存在，还是交付后由业主装修自行添加而成的。

交付前存在的，楼盘还在保修期内或者贴砖脱落与楼盘质量有关，则仍由开发商与施工单位承担连带责任；保修期已届满的或者贴砖脱落与小区楼盘质量没有关系的，小区若聘请了物业，物业对外墙等小区建筑物共有部分履行维修、管理、警示告知等义务，若其未履行相关义务，物业作为管理人需承担相应责任；小区若未聘请物业或者物业已经履行了相应管理义务，则全体业主作为外墙共有部分的共同所有人和管理人，需承担相应责任。

如果贴砖在开发商交房前不存在，而是在交房后由业主装修自行添加而成的，则应由实际进行装修的业主承担责任。

依据：《中华人民共和国民法典》第271条、第1253条，《建设工程质量管理条例》第40条、第41条

参考判例

2018 年 9 月 4 日，大强途经某小区单元楼时，被该建筑物外墙脱落的瓷砖砸中，导致头部重伤，送医院抢救无效死亡。经查，该小区于 2008 年建成并通过竣工验收，建设单位为某房地产公司。自小区交付使用至案发时，一直由某物业公司提供物业管理服务。大强家属诉至法院，要求物业公司和房地产公司共同赔偿大强死亡的各项费用 97 万元。

法院认为，案发小区的开发商和物业公司于 2007 年 1 月签订小区前期物业管理委托合同，合同内容完全符合前期物业服务协议的要件。合同至今有效，故物业公司仍是小区的物业管理人，应依据合同约定对包括外墙面在内的物业管理区域内共用部位、共用设施设备进行维修、养护和管理。虽然并没有业主委员会授权物业公司对涉案外墙面进行维修，但物业公司应当尽到相应的管理义务，做好相应警示及安全防范工作，物业公司并未就此提供相应的材料加以证明，应承担举证不能的不利后果，应对大强死亡的损害后果承担侵权责任，故判决物业公司赔偿死亡赔偿金、丧葬费、精神损害抚慰金等共计 89 万余元。

原：广东高院发布广东法院涉高空抛物、坠物十大典型案例之一

好心办坏事需要承担侵权责任吗

一般情况下不需要。

行为人主观上是否存在过错是我国法律在认定侵权责任过程中的要件之一。

过错，包括故意和过失两种情况。法律上的故意，指的是行为人已经知道损害结果必然发生同时还积极追求其发生，或者明明知道其损害结果发生的概率很大但还是放任自己的行为最终造成损害结果的主观心态。法律上的过失，指的是行为人应该预见自己的行为可能导致损害结果的发生而没有预见，或者虽然预见了损害结果可能发生，但基于对某些主客观条件过于自信，错误判断损害结果可以被避免的主观心态。

在好心办坏事的情况下，行为人实施行为的目的都是追求一个善意利他的良好结果，所以首先排除了故意。并且，其不应该也根本不可能认识到自己的行为可能对他人造成损害。因此，一般情况下，好心的行为人即便做了坏事，也因为不存在过错而不应承担责任。

依据：《中华人民共和国民法典》第1165条第1款

参考判例

　　大伟系春风小区业主，因所在小区游乐设施较少，在征得小区物业公司同意后，自费购置一套儿童滑梯（含配套脚垫）放置在小区公共区域，供儿童免费玩耍。该区域的卫生清洁管理等工作由小区物业公司负责。2020 年 11 月，大强途经此处时，踩到湿滑的脚垫而滑倒摔伤。后大强将大伟和小区物业公司诉至法院，要求共同赔偿医疗费、护理费、残疾赔偿金、精神损害抚慰金等各项损失近 20 万元。

　　法院认为，大伟自费为小区添置儿童游乐设施，在法律上并无过错，也与本案事故的发生无因果关系，依法无须承担赔偿责任。相反，大伟的行为丰富了小区业主生活，增进了邻里友谊，符合与人为善、与邻为善的传统美德，应予以肯定性的评价。物业公司作为小区物业服务人，应在同意大伟放置游乐设施后承担日常维护、管理和安全防范等义务。物业公司未及时有效清理、未设置警示标志，存在过错，致使滑梯脚垫湿滑，是导致事故发生的主要原因。大强作为成年公民，未能及时查明路况，对损害的发生亦存在一定过错，依法可适当减轻物业公司的赔偿责任。最终法院判决物业公司赔偿大强因本案事故所受损失的 80%，共计 12 万余元。

原：最高人民法院发布人民法院贯彻实施民法典典型案例（第二批）之十四

小区的物业服务老是不到位，可以换掉吗

可以，但是需要满足相应的条件。

《中华人民共和国民法典》赋予了业主对物业服务合同行使任意解除的权利，即无论何种理由都可以解聘物业，而行使该任意解除权需要业主"依照法定程序共同决定"。

"依照法定程序共同决定"是指解聘物业按相应程序召开业主大会，且需要一定数量的业主参与表决，并获得参与表决业主中的相应人数的同意，具体如下表所示。

需参与表决的业主	需同意解聘的业主
业主专有部分建筑面积占比在三分之二以上且业主人数在三分之二以上	在前述参与表决的业主中，专有部分建筑面积过半数，且人数过半数
备注：1.专有部分建筑面积按所持房本记载的建筑面积计算，若未取得房本，则按商品房买卖合同确定的建筑面积计算；2.业主人数按房本数计算，即一户算一人，未取得房本的，一个合同算一人。	

而业主行使前述任意解除权解聘物业的，需要根据物业合同约定的期限提前通知物业，如果物业合同没有相关约定，则应提前 60 天通知。此外，解聘时如果因为业主的原因给物业造成损失需进行赔偿，且相关物业费用也应据实结算。

依据：《中华人民共和国民法典》第278条、第284条、第946条

参考判例

春风小区业主委员会在当地房产管理局登记备案，后发出《关于解聘、续聘物业服务企业征询业主意见的公告》，后召开业主大会，进行唱票，通过决议并公告，决议解聘此前的物业公司，实行业主自治，随后向物业公司发出解聘通知函。

大伟等三名业主认为业主委员会更换物业公司操作不合法、不合规，质疑业主委员会未对此进行解释公告，致使其对会议内容不清楚，而业主委员会对此置之不理。大伟等遂以小区业委会召开业主大会解聘物业公司的程序和决议存在严重违法，表决方式违反规定为由将业主委员会起诉至法院，庭审中物业公司作为第三人提交了业户满意度调查表，证明小区业主对第三人提供的大多数物业服务呈满意状态。

法院认为，根据业主委员会公示的业主意见征询结果公告显示，参与表决的业主人数占比为 57.22%，参与表决建筑面积占总建筑面积的 57.14%，不符合"业主共同决定事项，应当由专有部分面积占比三分之二以上的业主且人数占比三分之二以上的业主参与表决"的规定。参与表决业主同意业主自治管理的业主占总户数 41.57%；表决同意业主自治管理的建筑面积占总建筑面积的 41.46%，不符合"专有部分面积过半数的业主且参与表决人数过半数的业主同意"的规定。综上，<u>业主委员会的决议违反相关法定程序</u>，侵害了业主的合法权益，故判决撤销业主委员会作出的解聘物业等决议。

原：广东省惠州市博罗县人民法院（2021）粤1322民初2236号案

装修的时候工人受伤了，需要业主全权负责吗

需要分情况来看。

第一种情况，如果业主直接雇佣装修工人装修，那么业主与装修工人之间在法律上属于劳务合同关系。在这种情况下，装修工人在装修过程中受伤，业主和装修工人需要按照各自过错承担赔偿责任。

第二种情况，若业主选择的是不具备相关装修资质的装修队（工长），那么业主与装修队（工长）之间在法律上属于承揽合同关系，装修工人在装修过程中受伤，装修队（工长）承担主要责任，业主承担相应的选任过失赔偿责任。

第三种情况，若业主选择的是具有相关装修资质的装修公司，这种情况下业主与装修公司之间在法律上属于承揽合同关系。但与上一种情况不同的是，如果装修工人在装修过程中受伤，只要不存在工人受伤是业主直接指令导致的情况，都是由该工人所在的装修公司承担赔偿责任，业主无须负责。

依据:《中华人民共和国民法典》第1192条第1款、第1193条

参考判例

大伟买了一套房子，把装修工程承包给了工长大强，大强又把水电线槽开凿工作包给了工人大光。大光在用切割机开凿线槽时，切割机刀片断裂，由于自身安全防护不到位，不慎被高速飞溅的刀片划伤左眼，经鉴定为九级伤残。

法院认为，业主大伟没有选择具有装修资质的装修企业，而是将装修工程发包给没有相应资质的工长大强，业主大伟具有一定的选任过失，不具有相应资质的工长大强对承包的工程未尽到管理职责，将部分装修工程分包给无装修施工资质的工人大光，选人用人不当，亦具有选任过失，业主大伟、工长大强均应承担相应的赔偿责任；工人大光在作业过程中过于疏忽，未采取足够的安全防护措施致自己身体受伤，应自行承担主要责任。综合本案案情，酌情认定由业主大伟承担 10%的赔偿责任，工长大强承担 20%的赔偿责任，工人大光自行承担 70%的责任。

原：四川省广安市中级人民法院（2021）川16民终42号案

商家赠送的充电暖手宝爆炸导致受伤，应该由谁来承担责任

如果爆炸是充电暖手宝自身质量问题导致，应由商家（销售商或者生产商）承担相应的赔偿责任。

从买卖的角度上看，商家提供的充电暖手宝系赠送，虽名义上免费，但其价值实质包含在了相应的商品价格中，该赠品本质上属于商品的一部分，商家提供赠品也受到双方商品买卖合同的约束，即提供质量合格的商品（含赠品），故商家应对赠品的瑕疵承担责任。

从赠与的角度上看，商家提供赠品不同于日常生活中的无偿赠与，其是以提供赠品为由吸引消费者购买商品，此种赠与实质上附带了相应的义务，即需要消费者履行支付对价购买商品的义务，而我国现行法律明确规定：附义务的赠与，若赠与财产有瑕疵，赠与人应在附义务的限度内承担与出卖人相同的责任，故赠品本身存在质量问题，商家也未告知存在质量问题的，当然需要对消费者因此受伤承担责任。

但是，如果爆炸是消费者自己不规范使用或者故意损坏赠品导致，则应由消费者承担相应损失，而向商家主张损害赔偿一般不会得到支持。

依据:《中华人民共和国民法典》第186条、第662条、第1203条

参考判例

　　大伟在阳光置业公司的房产销售宣传活动现场领取宣传袋一个，内含该公司赠送的充电宝一块。次日，大伟在家中给该充电宝充电，后外出。当日 17 时 30 分许，大伟家中发生火灾。经消防大队认定，起火原因系充电宝发生故障。经评估，火灾造成大伟家中财产损失数额为 831612 元。火灾发生之后，大伟与家人因房屋无法居住，产生酒店入住费 3552 元，财产损失评估鉴定费 10000 元，租房费用 28500 元。而后大伟将阳光置业公司诉至法院，请求赔偿火灾财产损失共计 87 万余元。

　　法院认为，<u>阳光置业公司对其在商业宣传过程中发放的赠品充电宝负有安全保障义务</u>。而大伟的损失系置业公司发放的赠品引发火灾所致，置业公司存在过错，故对大伟的财产损失负有赔偿责任。置业公司抗辩称大伟将充电宝置于易燃的布艺沙发上，本身就存在诱使充电宝发生爆炸引发火灾或者助推火灾蔓延加剧损失扩大，属于使用不当。但该抗辩与火灾事故责任认定起火原因相悖，其赠送的充电宝作为产品本身应该具备基本的正常使用的安全保证，不应该因正常使用前提下所处位置的不同增加使用的风险，<u>大伟对不能预见的风险不应承担损失</u>，置业公司该抗辩不成立。故阳光置业公司应对本次因充电宝起火所引发的火灾承担全部赔偿责任。

原: 吉林省吉林市丰满区人民法院（2017）吉 0211 民初 2394 号案

把车借给朋友或把车牌出租给别人发生了交通事故，我需要赔偿吗

如果交警判定事故责任方是你朋友或租你车牌的人，在交强险或相关商业保险赔偿外，主要赔偿责任仍是你朋友或租你车牌的人，你只有在对损害发生存在过错时，才需要承担相应的赔偿责任。

作为车主的你，是否对损害发生存在过错，需要结合你对借出车辆或出租车牌是否尽到了相应的审查义务，以及其他相关情况来判定，实际中往往会包括这些情形：明知或应知车辆本身存在缺陷或者安全隐患的仍然出借或出租；明知或应知朋友没有驾驶证、驾驶证被吊销、驾驶证已到期、准驾车型与车辆车型不符合的还坚持出借或出租；借给刚饮酒的朋友开；明知或应知朋友或租赁人患有妨碍安全驾驶车辆的相关疾病、服用过管制药品或吸毒等，仍然出借或出租的。

依据：《中华人民共和国民法典》第1209条、《最高人民法院关于审理道路交通事故损害赔偿案件适用法律若干问题的解释》第1条

参考判例

2020 年 12 月 21 日 1 时 25 分许，大壮在未取得机动车驾驶证的情况下驾驶小型客车载着小佳与某重型自卸货车相撞，造成小佳受伤、两车受损的道路交通事故。交警大队认定大壮与货车司机对事故发生承担同等责任，小佳无责任。事故发生后，小佳被送往医院住院治疗 43 天后死亡。经核实，客车所有人为大辉，该车系大壮从大辉之子处借用。在保险赔付之后，小佳亲属将大壮、大辉等人诉至法院，请求损害赔偿。

法院认为，<u>大辉系车辆所有人</u>，<u>负有对车辆安全管理的法定义务</u>，<u>不能因为已将车辆交与其子就免除其对车辆的管理义务</u>。大辉之子将车辆出借给未取得相应驾驶资格的大壮发生交通事故，大辉对涉案交通事故发生的损害后果存在过错，应承担相应的赔偿责任，故判决大辉承担大壮应负赔偿责任部分的 20%。

原：湖南省益阳市中级人民法院（2021）湘 09 民终 1957 号案

孩子在学校被霸凌，应该怎么办

如果孩子在学校因被欺压、侮辱而遭到肉体或者精神上的伤害，建议按如下步骤处理：

其一，安抚孩子情绪，做好心理疏导，避免孩子在心理上遭受二次伤害。

其二，向学校反映情况，并在学校的配合下对现场的照片、监控录像、围观学生对事情的叙述等证据材料做好保存和固定（会成为之后责任认定的核心依据，极为重要）。

其三，如果情况严重，及时报警并在出警后及时申请公安机关对孩子的伤情进行鉴定。公安机关会视霸凌的严重程度对霸凌行为进行治安处罚乃至启动刑事立案，霸凌行为达到一定程度完全可能构成故意伤害罪等刑事犯罪。

其四，依法维权。可向法院提起民事侵权赔偿诉讼，要求施暴者及其家长以及存在过错的学校（即霸凌是学校未尽到教育、管理职责而导致的情况）进行民事赔偿，赔偿包括医疗费、住院伙食补助费、营养费、护理费、交通费、鉴定费、精神损害抚慰金等。

依据：《中华人民共和国民法典》第1188条、第1199条

参考判例

大伟儿子与大壮儿子系英才中学寄宿学生。2018 年 5 月 10 日晚大壮儿子认为大伟儿子说了其好友的坏话，到大伟儿子宿舍要求其向自己好友道歉，在理论过程中发生肢体冲突，大壮儿子将大伟儿子打伤。2018 年 5 月 11 日，大伟儿子到医院就诊治疗，被诊断为：多处软组织损伤，头外伤后神经反应。大伟儿子起诉至法院，要求赔偿相关损失。

法院认为，本案属于校园欺凌事件。<u>学校对受害人的保护义务未履行到位</u>，<u>对加害人的教育义务未履行到位</u>，<u>对参与案件的未成年学生生活期间的管理义务未履行到位</u>，<u>应当承担责任</u>。因涉事未成年人均系寄宿学生，且纠纷发生在学生就寝后的宿舍楼，所以被告学校应承担较大比例的责任。法院依法酌情认定被告学校承担 60% 的责任，剩余责任由被告监护人一方承担。最终，法院判处大壮应赔偿大伟儿子医疗费、护理费、住院伙食补助费、交通费、精神损害抚慰金、补课费，各项经济损失合计 9568.14 元，学校应赔偿大伟儿子医疗费、护理费、住院伙食补助费、交通费、精神损害抚慰金、补课费，各项经济损失合计 14352.21 元。

原：河北省滦平县人民法院（2018）冀 0824 民初 3053 号案

孩子在学校意外摔倒受伤，能找学校赔偿吗

需要视情况而言。

第一种情况，如果孩子还没有满八周岁，此时在法律上属于无民事行为能力人，认知能力较弱，出于强化保护的目的，如果在幼儿园、学校或者其他教育机构学习、生活期间受到人身损害，法律推定幼儿园、学校或者其他教育机构具有过错（即未尽到教育、管理职责），应当承担侵权责任，赔偿由此产生的相关损失。此种情形下，幼儿园、学校或者其他教育机构如果想要免除或者减轻责任，需要拿出足够的证据证明自身已经充分尽到教育、管理职责。

第二种情况，如果孩子已经满八周岁，此时在法律上属于限制行为能力人，已经具备一定的认知能力，如果在学校或者教育机构学习、生活期间受到人身损害，并且孩子和父母能够拿出证据证明学校或者教育机构未尽到教育、管理职责（司法实践中法院也会主动查明学校是否尽到前述职责），则学校要承担相应的责任。

依据：《中华人民共和国民法典》第1199条、第1200条

参考判例

大壮儿子及大伟儿子均为英才中学学生。某日在教学楼一层走廊，大壮儿子在楼道与从教室出来的大伟儿子发生碰撞，造成两人受伤。大伟儿子诉至法院要求赔偿相关损失。

法院认为，英才中学作为教育机构，虽然有相关安全教育措施，但也应当进行充分有效的管理和必要的提示，对教职工和学生进行持续性的教育和培训，进行有效的引导。并且，因为监控的缺失对本次意外发生细节查明造成一定困难，英才中学在课间学生安全有序管理方面存在疏漏，应承担责任。考虑到大伟儿子及大壮儿子均已满十六周岁，亦非无民事行为能力人，英才中学承担50%责任为宜。大壮儿子系限制行为能力人，对事物的判断及意外的预知应区别于无民事行为能力的未成年人，故其对大伟儿子损害后果的发生存在过错，具体比例以30%为宜。大伟儿子同系限制行为能力人，对可能出现的意外应有基本的预知和判断，其对损害后果的发生亦存在一定过错，具体比例以20%为宜。

原：北京市东城区人民法院（2020）京0101民初15421号案

老年人在养老公寓意外摔伤，公寓管理方是否需要承担责任

要看公寓管理方是否尽到了对老年人看护照料的义务，主要体现在两方面。

其一，在老年人受伤前，养老公寓管理方应做好避免老年人受伤的充分准备。养老公寓的运营管理方是从事养老服务的专业机构，理应根据老年人的年龄、身体状况、所患疾病、精神状态等实际情况对老年人可能受到的意外伤害采取针对性措施进行有效防护，如果养老机构没有设置相关必要的人员装备或在管理上存在明显的疏漏，则应当承担责任。

其二，在老年人受伤后，养老公寓管理方应及时处置而非放任不管。养老公寓的运营管理方应在老年人受伤后，及时将老年人送往医院，并及时通知家属。如果没有做到，属于没有履行老年人与养老公寓之间所签的养老服务合同附随的通知义务及未采取有效应急措施的行为。需要注意的是，哪怕在养老服务合同中存在相关免责条款（如机构对于老年人某些伤害免责），此种义务也不能被排除，养老机构没有履行即应承担相应的责任。

依据：《中华人民共和国民法典》第186条

参考判例

2018 年，大伟父亲与康泰老年公寓签订入住公寓协议书，约定自己在该老年公寓享受养老护理服务，每月支付服务费 6800 元。大伟父亲在上述协议上手写注明：因本人患有精神疾病，如有摔伤与公寓无关，自己负责。协议签订后，大伟父亲入住公寓。某日 14 时左右，大伟父亲于公寓卧室内摔倒在床边地上受伤。当晚 22 时 29 分，大伟父亲被送往医院住院治疗。现大伟父亲提起诉讼，请求康泰老年公寓赔偿医疗费、住院生活补助费、残疾赔偿金、护理费等费用。

法院认为，康泰老年公寓作为专业的养老机构，应该有应对突发事件的预案措施，其虽主张按协议免责，但从大伟父亲在公寓房间摔伤至被送医院治疗超过合理时间判断，老年公寓工作人员发现后未及时将大伟父亲送往医院，也未及时通知家属，导致大伟父亲未得到及时治疗，系未履行合同附随的通知义务、未采取有效的应急措施，应承担相应责任，并不属于协议约定的免责事项。判决康泰老年公寓赔偿大伟父亲医疗费、住院生活补助费、残疾赔偿金、护理费等费用。

原：最高人民法院发布老年人权益保护第二批典型案例之四

租户在出租的房子里受伤，房东需要担责吗

这要分情况。

通常，在无特别约定时，房东对外出租房屋，其负有保障房屋及其设备安全性的责任，并且告知租户可能存在的安全隐患，并及时维修相关设备设施。如果租户受伤是因为房东没有及时修缮相关设备或者没有告知相关安全隐患导致的，比如租户在正常开窗时因玻璃年久失修松动坠落而砸伤，此种情况下，租户受伤与房东未妥善履行出租人的维修义务有着因果关系，那么房东就需要进行相应的赔偿。

实际中，如果租户要主张房东的责任，需要就自己受伤与房东存在相应过错之间具有因果关系承担举证责任，若证据缺乏或者没有证据，诉求将可能无法获得支持。

而如果租户受伤完全是因为自身过错导致，比如是在杂乱堆放自身物品的房间走路被绊倒摔伤，此种情况下，向房东主张赔偿责任一般很难得到支持。

依据:《中华人民共和国民法典》第1165条

参考判例

大伟与小佳共同承租位于郑州市区某房屋居住。大伟、小佳与房东大强就承租上述房屋签订房屋租赁合同。合同签订后，大强向大伟、小佳交付了租赁房屋，包括厨房现有装修及抽油烟机在内的其他附属设施。房屋租赁合同到期后，双方未续签租赁合同，但大伟继续租赁该房屋并向大强支付租金。2020年7月8日，大伟使用抽油烟机时，抽油烟机连同厨房墙面瓷砖突然脱落，致使大伟受伤。大伟住院及术后治疗共支付医疗费17000.63元。

法院认为，大强作为房屋的出租人、管理人，在出租房屋时应保障租赁房屋及附属设施的安全性，故大强应对大伟的损害承担赔偿责任。对于大伟的损失，有医院的诊断证明、住院病案、医疗费收据等证据，据此大伟请求大强赔偿其医疗费、营养费、住院伙食补助费、误工费等费用于法有据，法院予以支持。大强辩称大伟未尽到通知义务、存在过错，亦无法证明其与损害后果之间的因果关系等主张，无相关依据，亦无有效证据，法院不予采纳。

原：河南省郑州市中级人民法院（2020）豫01民终17609号案

我租的房子还没到期，房东说房子已经卖出去了让我搬家腾房，我可以拒绝吗

当然可以。

租赁法律关系中有一条黄金原则，即"买卖不破租赁"，简单来说就是，如果在租赁合同尚未到期时，你的房东（出租人）将房子转卖给第三人，即便对方已经办理了过户手续，你（承租人）与房东所签订的租赁合同仍旧有效，你可以继续租赁该房屋，无须提前腾退。

因此，只要你与房东存在事实租赁关系，若房东或买房的人要求你腾房，你完全有理由拒绝；如果房东、买房人采取威胁、逼迫等方式强迫你搬家，你可以向小区物业求助，或者报警处理；如果你因此被迫搬家，还可以向房东主张相应的违约责任（如退还租金和押金，赔偿找房过渡期间的损失，支付违约金等）。

依据：《中华人民共和国民法典》第725条

参考判例

大强于 2013 年 7 月 10 日从大壮处租赁房屋用于办公，双方签署了北京市房屋租赁合同，租期自 2013 年 7 月 10 日至 2033 年 7 月 9 日。后大壮因债务纠纷，其出租给大强的房屋被法院司法拍卖，2020 年 4 月 13 日，大辉通过拍卖程序拍得涉案房屋，并于 2020 年 5 月 22 日取得涉案房屋所有权证书。2020 年 9 月 7 日，大辉以无法确认租赁合同系大壮真实签字为由否认租赁合同效力，诉至法院要求收回涉案房屋。

法院认为，租赁物在承租人按照租赁合同占有期限内发生所有权变动的，不影响租赁合同的效力。本案争议焦点在于大强与大壮是否存在合法有效的租赁关系。首先，大强向法院提交了北京市房屋租赁合同及补充协议，大辉虽不认可前述协议，但并未提交充分的证据否定其真实性；其次，大强向法院提交了租金支付凭证，大辉虽对大强提交的租金支付凭证提出疑问，对真实性予以否认，并认为是其他用途而并非租金，但亦未就其主张提交证据予以证明；再次，大辉并未提交充分的证据，证明前述合同存在法定无效的情形，故法院对大强所主张的租赁关系依法予以确认。依据大强与大壮签署的合同，现租赁期并未届满，故法院对大辉的诉讼请求不予支持。

原：北京市第一中级人民法院（2022）京 01 民终 6385 号案

成年人在参加拳击等高对抗性体育培训项目过程中受伤，培训机构可以援引"自甘风险"规则免责吗

不可以。

法律上的"自甘风险"规则，指的是自愿参加具有一定风险的文体活动，因其他参加者的行为受到损害的，除非其他参加者对损害的发生有故意或者重大过失，受害人不得请求其他参加者承担侵权责任，但该规则具有明确的适用对象——该活动的"其他参加者"，而培训机构不属于"其他参加者"。

体育培训机构属于体育活动的组织者，依法应承担法定的场所经营管理方安全保障责任，如果体育培训机构没有做到为学员提供充分的专业指导，装备必要的安全设施等以防止运动伤害的发生，即视为未尽到安全保障义务，因此造成学员受伤的，应当承担侵权责任。此种情形下，如果学员是因培训场所内的其他人加害而受伤，在该加害人承担侵权责任后，体育培训机构还需要承担相应的补充责任（即补足加害人承担责任后学员尚未被弥补的损失）；如加害人无须承担责任，则全部损失须由体育培训机构承担。

依据：《中华人民共和国民法典》第1198条

参考判例

　　大伟与霹雳拳馆签订培训协议，约定由拳馆对大伟进行泰拳培训，除非拳馆存在故意或者重大过失，否则在培训中受伤的后果应由大伟自行承担。课程开始前，拳馆临时将原泰拳教练更换为散打教练为大伟授课；课程即将结束时，教练安排大伟与另一名泰拳学员大豪进行摔跤对练，并未按照规定在旁进行指导保护。大伟在对练中倒地受伤，起诉请求霹雳拳馆及大豪共同赔偿其医疗费等损失。

　　法院认为，培训协议的免责条款违反了《中华人民共和国民法典》第506条及《中华人民共和国消费者权益保护法》第26条的规定，应当认定为无效。霹雳拳馆作为专门从事体育培训的机构，应当尽到对学员的专业指导、安全保障等义务；其作为培训活动的组织者，无权以《中华人民共和国民法典》规定的自甘风险规则进行抗辩。现有证据不能认定大伟受伤由大伟或大豪故意或者重大过失所致，两人均不用承担责任，因此，法院判决由拳馆赔偿大伟医疗费等损失。

　　原：最高人民法院发布八起涉体育纠纷民事典型案例之二

球场上被对方严重犯规踢断了腿，可以申请对方承担赔偿责任吗

可以，但要有足够证据证明对方出于恶意。

对于足球、篮球等对抗性运动，参与者肢体间产生一定程度的碰撞是规则所允许的，对抗过程中的肢体接触有可能导致相应运动损伤的风险，每个运动的参与者既可能是损害的制造者，也可能是损害的承担者，我们自愿参加此类活动本身就意味着对此已有充分的认识，并接受了这样的风险，这也就是法律上常说的"自甘风险"。在这种情形下，受伤了一般也是我们自己承担，不能要求打球的其他人负责，哪怕是要求直接给你造成损害的那个人负责。

但是，"自甘风险"并不意味着对手在球场上的一切行为都合法，它是有例外的。如果说对手犯规踢断你的腿是恶意的，也就是出于故意或者至少是重大过失，那么对手还是要承担赔偿责任。但需要注意的是，如果因为此事对簿公堂，受害者最后要实际拿到赔偿有一个前提，就是要能证明对手的恶意，这时候现场参赛和观赛者的证言和视频（如果有人录了的话）就是极为关键的证据，提醒大家要第一时间收集。

依据：《中华人民共和国民法典》第1176条第1款

参考判例

2019 年 8 月 15 日，大伟与大刚在公司组织的文艺晚会集训间隙，相约进行掰手腕比赛，在第三次掰手腕过程中，大伟肱骨干骨折。随后，大伟被大刚等人送至医院住院治疗，于 2019 年 8 月 15 日至 26 日在该医院住院 11 天，期间，花费医疗费共计 49532.54 元，其中大刚垫付 5289.8 元。大伟找大刚索赔未果，遂将大刚起诉至法院，请求大刚赔偿医疗费、后续治疗费及护理费等各项费用共计 180000 余元。大刚则提起反诉，请求大伟返还其垫付的医疗费 5289.8 元。

法院认定，掰手腕活动作为一种激烈性、对抗性和风险性的娱乐活动，活动过程中双方力量悬殊属正常现象，大刚在掰手腕活动中不存在故意或者重大过失，且在事故发生后，大刚主动将大伟送至医院治疗，并垫付了急救和住院费用 5289.8 元，很好地履行了道德救助义务。而大伟作为完全民事行为能力人，可以预见掰手腕活动的潜在风险，应视为"自甘风险"行为，所产生的损害后果应由其自行承担。因此，法院判决大伟返还大刚垫付的医疗费 5289.8 元，驳回大伟的全部诉讼请求。

原：江西省高级人民法院贯彻民法典十大典型案例之八

性骚扰事件经常是突然的，没机会留下证据，除了上网发帖控诉，有更好的办法吗？上网发帖有没有被反告诽谤的风险

遵循"谁主张，谁举证"原则，首先要收集证据。

在条件具备且能保障安全的情况下，可以对事件发生过程进行录音或录像；如果当时处于办公室、公共交通、室外等可能放置监控设备的公共场所，应及时调取监控视频，录音录像和监控视频可以作为直接证据。

若未能收集到直接证据，可以在第一时间报警，获得对方的道歉信或保证书，并留存报警记录；向所在单位投诉，向周围人群、亲友寻求帮助，收集投诉记录、他人证言；如果性骚扰实施者是熟人，还可以在事后与对方沟通，通过微信聊天、电话录音等方式还原此前经过。以上均可作为间接证据。

上网发帖从证据角度来说仅属于当事人个人陈述，在没有其他证据的情况下，往往会因缺乏客观性而无法证明性骚扰事件成立，对方极有可能反过来主张诽谤、损害其名誉权。

依据：《中华人民共和国民事诉讼法》第66条、第67条，《最高人民法院关于适用〈中华人民共和国民事诉讼法〉的解释》第108条，《中华人民共和国民法典》第1024条，《中华人民共和国刑法》第246条

参考判例

　　小柔在某酒店后厨工作，大壮为厨师长。小柔称大壮在其工作期间长期对其实施性骚扰行为，2020年9月17日上午9时左右，小柔去大壮办公室拿厨师帽，大壮再次对小柔实施性骚扰。小柔于2020年9月18日向北京市某派出所报警，派出所对双方作了询问笔录后，大壮在派出所出具保证书一份，载明：就员工小柔报警称我对其性骚扰一次（事），我认真反省，以后一定安心工作，事事处处为员工着想，决不做影响公司形象和员工身心健康的事情，决不通过语言肢体骚扰她人。除工作之外决不和小柔有任何接触。保证人：大壮，2020.9.18。

　　法院认为，违背他人意愿，以言语、文字、图像、肢体行为等方式对他人实施性骚扰的，受害人有权依法请求行为人承担民事责任。本案中，小柔主张大壮在工作过程中对其进行性骚扰，并报警说明情况，在派出所调查中，大壮出具保证书。另外，在派出所询问笔录中，其他两名酒店员工亦反映大壮平时聊天爱讲黄段子，大壮在一审询问笔录中亦承认人多时可能说过黄段子。综合以上证据，小柔关于曾受大壮性骚扰的主张存在高度可能性，一审法院推定大壮的行为侵犯了小柔的人格尊严，并据此酌定其赔偿小柔精神损害抚慰金5000元。

原：北京市第二中级人民法院（2021）京02民终5153号案

谈话录音能当证据吗

谈话录音在民事、刑事及行政案件中属于"视听资料"的范畴，是比较常见的证据形式之一，但是，并非所有的谈话录音都能够作为认定案件事实的证据，需要具备相应的条件。

其一，谈话录音内容必须是真实存在的，且属于谈话人的真实意思表达。比如在本人与对方日常通话过程中进行的录音，且保留了录音的原始载体，一般符合证据真实性要求；如果录音被篡改，或者谈话人是在受到胁迫、欺诈等情况下而进行的谈话，此类录音会因缺乏真实性而不被作为证据采纳。

其二，谈话录音应当是经过合法方式取得的，比如在公共场合，将本人与他人不涉及个人隐私的对话进行录音；但是，比如在他人住所私自安装窃听设备进行偷录，则会因涉嫌侵犯他人隐私而被判定为获取方式不合法。

其三，谈话录音应当与待证明的事实具有关联性。谈话录音应当体现事情的前因后果、相关主体身份、场合、时间等与案件有关的情况，录音内容与案件关联度越紧密，其被作为证据采信的概率也就越高。

依据：《中华人民共和国民事诉讼法》第66条,《最高人民法院关于适用〈中华人民共和国民事诉讼法〉的解释》第106条,《中华人民共和国刑事诉讼法》第50条,《最高人民法院关于适用〈中华人民共和国刑事诉讼法〉的解释》第108条、第109条,《中华人民共和国行政诉讼法》第33条,《最高人民法院关于适用〈中华人民共和国行政诉讼法〉的解释》第43条

参考判例

大伟与大磊于 2008 年就经营物流综合市场项目签订合作协议，后双方因协议履行产生争议，大伟诉至法院请求判决大磊依法履行合同付款义务。案件再审期间，大伟向法院提交其女儿录制的大伟与大磊于 2012 年 6 月 16 日下午 2 时 50 分在广东省某宾馆一楼大堂咖啡厅的谈话录音以及相关证人证言作为证据，拟证明本案合作协议签订的整个过程及双方合作事宜的来龙去脉。

法院认为，根据相关法律规定，"未经对方当事人同意私自录制其谈话，系不合法行为"应当理解为在涉及对方当事人的隐私场所进行的偷录并侵犯对方当事人或其他人合法权益的行为。本案中，大伟与大磊的谈话系在宾馆大堂的公共场所进行，录音系在该公共场所录制，除大伟的女儿外也未有其他人在场，并未侵犯任何人的合法权益，故对该录音证据应予采纳，并作为认定本案相关事实的依据。

原：最高人民法院（2015）民提字第 212 号案

因见义勇为而受伤，相关医疗费等损失应该由谁来承担

分两种情况处理。

其一，如果可以找到加害人，且其具有相应的经济能力，则相关医疗费等损失由侵权人承担，因见义勇为而受益的人此时可以视情况给予适当补偿。

其二，如果没有加害人、加害人逃逸或者没有相应的经济能力，则因见义勇为而受益的人应当对见义勇为者因受伤造成的相关医疗费等损失给予适当补偿。

此外，我国各地基本制定了关于见义勇为人员的保障政策，以北京市为例，其规定了见义勇为负伤人员的医疗费用分不同情况采取下列办法解决：（1）由加害人依法承担；（2）由社会保险机构按规定支付；（3）由所在工作单位提供资助。如果仍不能解决，由见义勇为基金来进行兜底支付。见义勇为负伤人员医疗期间，属于机关、团体和事业单位职工的，应当视为正常出勤，所在工作单位不得因此扣减其工资、奖金和降低其福利待遇；属于企业职工的，依照本市有关企业劳动者工伤保险的规定享受工伤津贴；无工作单位的，从见义勇为基金中给予经济补助。

依据：《中华人民共和国民法典》第183条，《北京市见义勇为人员奖励和保护条例》第13条、第14条

参考判例

2020 年 7 月 1 日夜，大辉与大磊一同就餐后，前往江边码头散步。期间，大磊因情感问题想不开跳入江中，大辉见状跳江施救，此后大磊抓住岸上连接船只的钢丝线后获救，大辉不幸溺亡。大磊垫付打捞尸体费用 6000 元。后大辉的父母诉至法院，请求判令大磊赔偿因大辉死亡产生的各项赔偿款 800000 元。

法院认为，因保护他人民事权益使自己受到损害，属于"没有加害人、加害人逃逸或者无力承担民事责任"的情况，受害人请求补偿的，受益人应当给予适当补偿。本案中，大辉在没有法定或者约定义务的前提下，下水救助大磊而不幸溺亡，属于见义勇为。大磊系因情绪激动主动跳水，<u>本案没有加害人</u>，大磊作为受益人应当给予适当补偿。遂综合考虑大辉救助行为及所起作用、原告受损情况等，判令大磊补偿大辉父母 40000 元，大磊垫付的打捞尸体费用亦作为大磊的补偿费用，不再进行抵扣。

原：最高人民法院发布人民法院贯彻实施民法典典型案例（第二批）之二

经常接到各种各样的骚扰电话，我可以主张这些打骚扰电话的人侵权吗

可以，这些人侵犯了你的隐私权。

法律规定，隐私是自然人的私人生活安宁和不愿为他人知晓的私密空间、私密活动、私密信息。自然人享有隐私权。任何组织或者个人不得以刺探、侵扰、泄露、公开等方式侵害他人的隐私权。

除了拍摄、窥视他人的住宅、宾馆房间等私密空间、私密活动、他人身体的私密部位等常见的侵犯隐私权的情形外，目前法律还明确将"以电话、短信、即时通信工具、电子邮件、传单等方式侵扰他人的私人生活安宁"也列入侵犯隐私权的法定情形。

侵害隐私权造成严重精神损害的（如被大量骚扰电话干扰正常工作生活以致精神恍惚等），在向法院起诉时除了要求侵权方赔偿自己的物质损失外，还有权主张精神损害赔偿金。

依据:《中华人民共和国民法典》第1032条、第1033条、第1183条

参考判例

小佳在某通信公司处入网,办理了电话卡。后持续收到营销人员以该通信公司某市分公司工作人员名义拨打的推销电话,以"搞活动""回馈老客户""赠送""升级"等为由数次向小佳推销套餐升级业务。期间,小佳两次拨打该通信公司客服电话进行投诉,该通信公司客服在投诉回访中表示会将小佳的手机号加入"营销免打扰",以后尽量避免再向小佳推销。后小佳又接到了该通信公司的推销电话,经拨打该通信公司客服电话反映沟通未得到回复。小佳遂向法院提起诉讼,请求该通信公司承担侵权责任。

法院认为,小佳提交的证据能够证明该通信公司擅自多次向小佳进行电话推销,侵扰了小佳的私人生活安宁,构成了对小佳隐私权的侵犯。故判决被告通信公司未经原告小佳的同意不得向其移动通信号码拨打营销电话,并赔偿原告小佳交通费用 782 元、精神损害抚慰金 3000 元。

原:最高人民法院发布人民法院贯彻实施民法典典型案例(第二批)之九

在风景名胜刻字留念可能要承担哪些责任

可能受到行政处罚，同时需要承担生态环境损害修复责任。

在风景名胜刻字属于任意损毁公私财物的行为，法律规定对此应处 5 日以上 10 日以下拘留，同时可以并处 500 元以下罚款，如果情节较重，则可能处 10 日以上 15 日以下拘留，同时可能并处 1000 元以下罚款。

在风景名胜刻字也可能属于破坏生态环境的行为，法律规定相关行为人需要承担的损失和费用包含：生态环境受到损害至修复完成期间服务功能丧失导致的损失；生态环境功能永久性损害造成的损失；生态环境损害调查、鉴定评估等费用；清除污染、修复生态环境费用；防止损害的发生和扩大所支出的合理费用。此外，行为人还可能要承担惩罚性赔偿金并被要求公开向社会赔礼道歉。

依据：《中华人民共和国民法典》第1232条、第1234条、第1235条，《中华人民共和国治安管理处罚法》26条

参考判例

2021年7月11日，大壮在飞来山景区游玩过程中，使用登山手杖在省级文物保护单位"飞来山金顶摩崖"石壁处进行刻画。虽有其他游客提醒、劝阻，大壮仍执意在该石壁处刻留"大壮到此一游"字样。经鉴定，刻画行为造成上述文物和景观价值不可逆损害，经济损失在50000元以上。经委托有关机构制定修复方案，需修复费用60952.08元，勘察设计费38000元。检察机关提起民事公益诉讼，请求判令大壮承担上述修复费用、勘察设计费以及惩罚性赔偿金50000元并向公众道歉。

法院认为，大壮依法应当承担生态环境修复责任。结合专家意见、大壮庭审态度、已受行政处罚等情形，酌定确定其承担相应惩罚性赔偿金。依法判决：大壮承担文物修复费用60952.08元、勘察设计费38000元、生态环境损害惩罚性赔偿金25000元，并对其违法行为在国家级新闻媒体上向社会公众道歉。

原：最高人民法院发布十起依法保护文物和文化遗产典型案例之九

聚餐饮酒后有人因醉酒出现意外，同饮者是否需要承担责任

这要看同饮者是否具有过错，即同饮者是否尽到了规劝、提醒、照顾等义务，通常表现为：

其一，同饮者是否知晓醉酒者属于酒精过敏体质等不宜饮酒情形，是否强迫或劝其饮酒；

其二，同饮者是否在醉酒者已经出现醉酒或其他身体不适状况下提醒其适可而止，还是仍在强迫或劝其继续饮酒；

其三，同饮者是否在醉酒者已经出现醉酒或其他身体不适时及时通知其家属，护送其到家并交由家属照顾或送至医院加以妥当治疗（如果只是送到饮酒者家楼下或者小区门口，未通知家属接收，则仍会被视为存在过错）；

其四，醉酒者意欲酒后驾驶机动车时，同饮者是否对其进行了有效的劝阻。

同饮者如果没有尽到规劝、提醒、照顾等义务，需要承担与其行为相对应的责任。此外，聚餐的组织者如果没有尽到上述义务导致醉酒者伤亡，需要承担更大比例的责任。

依据：《中华人民共和国民法典》第1165条

参考判例

大磊应朋友大强邀请前往其家中饮酒，酒后骑电动车回家途中坠入水沟溺水死亡，而后大磊家人起诉大强要求赔偿。

法院认为，结合案件证据和案情，可以认定大磊过量饮酒，大强应对大磊的过量饮酒及酒后驾车的行为负有提醒注意义务，即大强对大磊的酒后驾车溺水死亡存在一定过失，应承担相应的赔偿责任。然而，大磊作为一个具有完全民事行为能力的成年人，对于饮酒过量和酒后驾驶电动车所可能导致的后果应当是明知的，但其对自身的安全保护却没有足够注意，过量饮酒后在阴雨天的夜晚仍独自驾驶车灯不亮的电动车回家导致溺水死亡，故大磊的自身因素是导致其死亡的主要原因，其应承担大部分的责任。而且，大磊家属未能提供证据证明在饮酒过程中大强对大磊有故意劝、罚、灌酒等行为，并且在大磊离开后，大强骑电动车独自至大磊家了解其是否到家，在得知大磊仍未到家后，大强即回头寻找大磊。因此，根据本案的具体情况，综合考量大强和大磊的过错程度，酌定大强承担10%的赔偿责任。

原：江苏省高级人民法院（2017）苏民申1262号案

我在网上写了一段这辈子最得意的段子，但被一个大V直接复制发在了他自己的账号里，也没有标明出处，我能告他侵权吗

只要你写的段子具有一定的独创性，大V直接复制发在了他自己的账号里就对你构成了侵权。

你的段子属于《中华人民共和国著作权法》意义上的文字作品，你对这个段子享有相应的著作权，包括署名权、发表权、复制权、信息网络传播权等权利。而他人使用你的作品时，除非获得你的许可、同意或者属于《中华人民共和国著作权法》所规定的合理使用，否则都将构成著作权侵权。

大V直接复制并以自己的名义发布，系对作品的使用和传播，该使用不属于"合理使用"的对应情形，其擅自复制并发布，未征得作者本人同意，已经侵犯了作者的署名权、信息网络传播权等权利，构成著作权侵权。

依据：《中华人民共和国著作权法》第3条、第10条、第52条

参考判例

2014 年 4 月，大强实名注册"大强漫画"的微博，并在该微博上发表了"大强漫画"系列作品，共 14 个文字段子及相应的 14 张配图等，作品尾部备注"出品人：@ 大强漫画，转载请注明"。2016 年 6 月，夏雨公司在其微信公众号发表《这些小漫画竟把我治愈了》的文章，内容与"大强漫画"内容完全一致。后大强向法院提起诉讼，主张夏雨公司侵犯其著作权并要求赔偿损失。

法院认为，大强作为涉案漫画作品的著作权人，依法享有涉案作品的信息网络传播权。同时，根据《中华人民共和国著作权法》第 53 条规定，未经著作权人许可，通过信息网络向公众传播其作品的，应当根据情况，承担停止侵害、赔偿损失等民事责任。夏雨公司未经大强许可在其运营的微信公众号中发布了涉案的 7 组漫画作品（包含 7 个文字段子及相应的 7 张配图）。作为商业公司，夏雨公司在其运营的微信公众号发布涉案作品，在一定程度上增加了公司或产品的关注度和阅读量，以影响潜在客户，增加合作机会，包含商业性的宣传，侵犯了大强对涉案作品享有的信息网络传播权，应当停止侵害、赔偿损失。

原：山东省滨州经济技术开发区人民法院（2022）鲁 1691 民初 173 号案

微信群聊内容有著作权吗

微信群聊内容只要满足独创性、可复制性的特点，且属于文学、艺术和科学领域内的智力成果，即构成《中华人民共和国著作权法》规定的作品，发布群聊内容的人就对此享有著作权。

所谓独创性，是指相关内容是自己独立创作完成的，且具备一定的创造性。比如在群聊中发表自己对于某类事件或问题的独立评论和看法，或者上传自己独立绘制的图像、独立拍摄制作的视频或歌曲等，一般会被视为具有一定的独创性；但如果群聊内容字数过少或者仅由简单的单词、词组或句子构成，如日常生活用语或对话，一般难以达到独创的高度，而群聊内容如果是转发、复制他人所说的话或内容，也不具有独创性。

所谓可复制性，是指相关内容可以通过网络、书面等有形形式进行复制、传播。微信群聊内容常见为各类文字、语音、静态图片、动态表情包、视频、歌曲等，前述各形式均能复制传播，具有可复制性的特点。

而文学、艺术和科学领域内的智力成果则是指相关内容应以文学性、艺术性或科学性为导向，比如图片一般为美术作品或摄影作品，具有艺术性导向，文字记录或语音记录可能属于文字作品或口述作品，具有文学性导向，工程设计图、模型图则可能兼具艺术性及科学性双重导向。

依据：《中华人民共和国著作权法》第3条

102

参考判例

春风公司是一家从事学前教育课程开发和服务的公司，其发现夏雨公司经营的"某学堂"微信公众号销售的课程与春风公司课程相同或实质性相似，并发现该公司法定代表人大壮、股东小菲冒充春风公司用户购买了春风公司的图书、课程，通过春风公司所组织的微信学习群，窃取学习群里的内容和语音授课，后在夏雨公司的微信平台中出售。春风公司将夏雨公司、大壮、小菲诉至法院，主张其著作权侵权及其他责任。

法院认为，春风公司主张保护的语音，其内容包括"璐瑶妈妈"讲述其教育子女学习的经历，教授父母在教育子女学习和思维方式训练等方面的方式方法等，讲述者对上述内容作出口语化的表达，并通过微信语音将上述内容的表达予以展现，具有一定的独创性，应受著作权法保护。夏雨公司虽举证证明在公共领域内存在切分法、自然拼读法等有关教学、学习方法，但上述内容属于思想范畴，根据公有领域的思想加以创作形成的具有独创性的表达，仍属于著作权法所保护的对象。

涉案语音在播放起始中明确有"我是璐瑶妈妈"的语音声明，与署名具有同一效果，而微信群的运营方即为春风公司，结合春风公司提交的其投资人小佳出具的声明和个人说明，在夏雨公司未提交相反证据的情况下，可以认定该作品的作者为小佳，春风公司经小佳授权，取得了包括该作品的信息网络传播权在内的相关著作权权利。

原：上海市杨浦区人民法院（2019）沪0110民初17778号案

可以把自己的名字注册成商标吗

原则上可以，除非你的名字违反了相关的禁止规定。

我国现行《中华人民共和国商标法》允许注册商标的要素包括文字、图形、字母、数字、三维标志、颜色组合和声音等，以及前述要素的组合，而我国普通人的名字通常为中文，其为文字要素，因此原则上来说，将自己的名字注册为商标完全是被允许的。

但是，如果你的名字恰好与《中华人民共和国商标法》所规定的"禁止注册"或"禁止使用"的相关标志相同或近似，或者违反了《中华人民共和国商标法》的其他相关规定，注册则大概率会被驳回。

比较常见的情形是，你的名字如果与国家、党的领导人，或大家普遍知道的外国领导人的姓名相同或近似，通常会因"具有不良影响"而被驳回；你的名字如果与我国英雄烈士的姓名相同，一般会被认定违反《中华人民共和国英雄烈士保护法》，从而不被允许注册；此外，你的名字如果与知名公众人物的姓名相同，即便已经审定公告或核准注册了，亦有可能因损害姓名权而被在先公众人物提出异议或无效宣告，继而导致商标失效。

依据:《中华人民共和国商标法》第8条、第10条、第11条、第32条

参考判例

阳光公司于 2007 年 4 月 26 日在第 25 类"服装；游泳衣；鞋；爬山鞋；帽；袜；皮带（服饰用）；舞衣；婚纱；睡眠用眼罩；防滑鞋底"等商品上申请注册由文字"乔丹"和其上方图形构成的商标（以下称争议商标），该商标于 2010 年 4 月 21 日获准注册，阳光公司持续使用该争议商标多年。美国篮球运动体育明星迈克尔·杰弗里·乔丹认为阳光公司申请注册的前述争议商标损害了其在先姓名权，于 2012 年 10 月 31 日向中国国家知识产权局提出撤销申请。

阳光公司抗辩认为争议商标中包含的文字"乔丹"与"Michael Jordan"及其中文译名"迈克尔·乔丹"均存在一定区别，并且"乔丹"为英美普通姓氏，该姓氏与迈克尔·乔丹之间不存在当然的对应关系，应维持争议商标注册。

法院认为，争议商标由上方的图形与下方的"乔丹"组合而成。阳光公司明知迈克尔·乔丹在我国具有长期、广泛的知名度，仍然使用"乔丹"申请注册争议商标，容易导致相关公众误认为标记有争议商标的商品与迈克尔·乔丹存在代言、许可等特定联系，损害了迈克尔·乔丹的在先姓名权。因此，争议商标的注册违反了商标法第 32 条的规定，应予撤销。

原：最高人民法院（2018）最高法行再 32 号案

个人照片可以注册成商标吗

用自己的照片注册商标完全可以。但用别人的照片就要获得本人同意，否则注册不仅会被驳回，还会侵犯他人肖像权。

自然人的照片是《中华人民共和国商标法》所允许注册的商标要素之一（即图形要素），因此用自己的照片注册商标完全是被允许的，而个人照片本身具有独一无二性，注册时通常也不会因相同或近似其他在先商标而被驳回。

但是，如果是用别人的照片注册商标就有所不同，商标法明确规定注册商标不能损害他人"现有的在先权利"，而别人的照片本身是别人所享有的肖像权，属于常见的在先权利，因此如果要用别人的照片注册商标，就需要征求本人的同意。实际中，在申请注册商标时，我国主管审查机关（国家知识产权局）会要求注册人提交照片本人同意他人用自己肖像注册商标的授权书或声明书。如果你未经别人同意将别人的照片或肖像注册为商标，你的注册申请往往会因缺乏相关授权文件而被驳回，即便侥幸获准注册，此后也可能会被相关权利人提出无效宣告，并可能被追究侵权责任。

依据:《中华人民共和国商标法》第8条、第32条

参考判例

好运公司于 2003 年 12 月 4 日在第 25 类"跑鞋（带金属钉）、足球鞋、服装、游泳衣、袜"商品上申请注册图形商标（以下称争议商标），该商标于 2009 年 3 月 21 日获准注册。

耐克国际有限公司认为前述争议商标与其名下已签约的 NBA 篮球明星科比·布莱恩特的个人肖像高度相似，损害了科比·布莱恩特的肖像权，于 2010 年 6 月 12 日向国家知识产权局提出无效宣告申请。国家知识产权局以争议商标所使用的图案和科比·布莱恩特完全不一样，与科比·布莱恩特不能建立起一一对应关系，且耐克国际公司不具有相应的主体资格等理由裁定维持该商标注册。而后耐克公司提起行政诉讼。

法院认为，科比·布莱恩特作为世界知名的 NBA 篮球明星，具有被公众追随的吸引力，与其相关的个人标志性信息，能够产生与其个人密切相关的联系。耐克国际公司作为科比·布莱恩特的合法授权人，有权以侵害科比·布莱恩特个人标志性信息等相关权利为由，要求撤销争议商标。<u>争议商标中的图案与科比·布莱恩特的正面头像极为相似，能够产生一一对应关系</u>。而科比·布莱恩特的肖像权是其本人以及其合法授权人依法享有的并受到法律严格保护。在未经过权利人许可的情况下，争议商标使用在服装鞋帽类商品上，侵犯了科比·布莱恩特的肖像权及与其相关的权利，争议商标应予撤销。

原：北京市高级人民法院（2016）京行再 8 号案

被摄影爱好者街拍了，侵犯我的肖像权吗

以 2021 年 1 月 1 日《中华人民共和国民法典》的实施为界，前后规定不同。

《中华人民共和国民法典》施行之前，法律对肖像权的保护以是否营利为判断侵权的基本标准，简单说，拍摄、使用他人肖像，如果没有取得肖像权人同意，只有以营利为目的的使用才会被认定侵权，而个人欣赏或收藏，即便不征求肖像权人同意，也不会被认定侵权。

但是，按照当前《中华人民共和国民法典》规定，摄影爱好者制作（包括拍摄）、使用或公开他人肖像，无论出于何种目的，都需征求被拍摄者的同意（可以是事前同意或者事后同意），否则其擅自拍摄、使用或公开，都将构成侵权。

只有在一些特定情况下，即便未取得肖像权人的同意，拍摄或使用他人肖像也可能会被法律允许而不被认定侵权，即"合理使用例外"。比如，以个人学习、艺术欣赏或教学研究为目的，在一定范围内使用他人已公开的肖像（如课堂展示）；为实施新闻报道，不可避免地公开他人肖像；国家机关为依法履行职责在必要范围内制作、使用、公开他人肖像（如通缉犯罪嫌疑人）；等等。而摄影爱好者进行街拍与前述情形仍有明显区别，其难以适用前述例外。

依据：《中华人民共和国民法典》第110条、第1018—1020条

参考判例

2021 年 7 月 7 日，大壮通过其微博账号发布一条微博，内容为"日本地铁上的小乘客，一个人上学，那眼神里充满自信和勇气，太可爱了"，并附有小柔乘坐杭州地铁时的照片，引起网友热议。次日，小柔的母亲在微博发帖，声明自己是地铁小女孩的妈妈，并对小柔的身份进行了辟谣。广大网友也纷纷指出大壮的错误。大壮仍不删除涉案微博。小柔以大壮侵害其肖像权为由，提起诉讼。

法院认为，本案中，大壮发布的涉案微博中使用的图片含有小女孩的清晰面部、体貌状态等外部身体形象，通过比对小柔本人的肖像，以社会一般人的认知标准，能够清楚确认涉案微博中的肖像为小柔的形象，故小柔对该图片再现的肖像享有肖像权。大壮罔顾客观事实，在众多网友留言指出其错误、小柔母亲发文辟谣的情况下，仍拒不删除案涉微博，此种行为应认定为以造谣传播等方式歪曲使用小柔的肖像，严重侵害了小柔的肖像权，判决大壮向小柔赔礼道歉，并赔偿小柔精神损害抚慰金、合理维权费用等损失。

原：最高人民法院发布人民法院贯彻实施民法典典型案例（第一批）之七

名人经常到处签名，不担心有人盗用签名伪造签章吗

从法律上看，签名具有表明身份、同意、确认或认可某些事项（内容）、承担责任或义务的功能。通常来说，名人给粉丝签名或在活动现场背景板上签名，主要是为了展示或供粉丝收藏，并不具有特定的法律意义。

但是，如果签名被不当盗用，并被伪造成相关文件的署名，则可能会给签名者带来法律风险。比较常见的是复制签名后使用在签章落款处，这可能导致签名者在不知情的情况下成为合同当事人或特定身份，为此惹上官司。对于此种情况，因复制的签名与真实签名通常可以通过技术比对进行区别，复制的签名并非真实意思表示，可以申请笔迹鉴定排除当事人身份，同时追究盗用者的法律责任。

需要大多数人注意的是，在空白纸上签名，被盗用后的风险会相对较高。因白纸可利用空间较大，盗用者很可能直接在白纸上补充与名人履行相关义务有关的内容，改变白纸用途。届时签名者若不能提供证据证明相关内容是在签名后添加或伪造的，则可能会因此承担相应责任。

依据:《中华人民共和国民事诉讼法》第114条,《中华人民共和国民法典》第490条、第990条、第991条

参考判例

2016 年，大壮与担保集团签订保证反担保合同，约定就担保集团为夏雨公司借款提供的担保向担保集团提供连带责任保证反担保。

后因夏雨公司未能按期还本付息，担保集团为夏雨公司代偿本息。在扣除担保费后，夏雨公司尚欠担保集团代偿款 6979814.42 元，故担保集团诉至法院要求夏雨公司偿还欠款及违约金，并要求大壮等反担保人对上述债务金额及费用向担保集团承担连带清偿责任。大壮抗辩仅在反担保合同上签了自己的名字，其余合同内容空白。担保集团在其所签订的空白合同上补签了日期，导致其对 2016 年的贷款承担反担保责任。

法院审理认为，大壮作为正常的独立民事行为能力人，应当预见自己在格式化的合同上签名所带来的法律后果，但其仍坚持在该合同上签名，且未注明时间等其他具体内容，应视为其系对合同对方在合同空白处进行任意添加的授权。其抗辩理由不能成立。

原：最高人民法院（2018）最高法民申 4176 号案

行善放生也可能构成犯罪吗

如果放生的动物是野生动物的话，这种行为可能构成危害珍贵、濒危野生动物罪。

危害珍贵、濒危野生动物罪规定的构成情形之一就是收购国家重点保护的珍贵、濒危野生动物。如果明知是野生动物而在市场购买，即便最后是为了放生，客观上也已经实施了收购行为，符合该犯罪的构成要件。此外，收购行为可能促使对于相关野生动物的非法猎捕行为增多，也在事实上对野生动物和生态环境的保护造成了不利影响，这也是法律对该种行为加以规制的原因。

实践中，检察机关对于实施该类行为的当事人，可能综合考虑其朴素的善良观念、行为情节较轻、社会危害很小等因素，最终不予起诉，但是这并不代表该种行为不存在入刑的风险。

依据:《中华人民共和国刑法》第341条第1款

参考判例

小菲为践行向善理念，参与了一个微信放生群，群内成员通过不定时、不限金额在群内自愿发红包的形式出资，由小菲收取红包并去购买野生动物，后组织群友野外放生。小菲在农贸市场购买野生动物时，认识了野生动物贩子大辉，后长期向大辉收购各类野生动物，包括鱼、田螺等普通动物及白鹇、虎纹蛙、猫头鹰、鹞鹰等国家二级保护动物，收购后均予以野外放生。

检察院认为：小菲明知是国家重点保护的珍贵、濒危野生动物而加以收购，形式上已经符合《中华人民共和国刑法》第341条所规定的情形，但考虑到小菲的行为情节显著轻微、危害不大，不构成犯罪，依法作出不起诉决定。小菲的行为虽然最终不被认定为犯罪，但私自收购野生动物进行放生属于违法行为。

为回应社会关切，检察机关依法对小菲不起诉决定进行公开宣告，并邀请县域内该群内成员共同参加公开宣告。与会人员表示：今后面对猎捕、出售野生动物的不法行为，会通过报警的途径请司法机关予以打击，以合法方式保护野生动物。

原：江西省大余县检察院刘某某危害珍贵、濒危野生动物案

餐厅告知谢绝自带酒水，这合法吗

不合法。

我们作为普通消费者依法享有自主选择商品或服务的权利。餐厅禁止自带酒水是为了强制消费者购买其所提供的商品，实质上剥夺了消费者的自主选择权，故与"谢绝自带酒水"相同或类似的规定构成霸王条款，内容因违反法律规定而无效。

生活中如果遇到类似情况，我们应保留相关消费票据、酒店告示记录等材料，及时拨打 12315 向市场监管部门投诉举报，必要的时候也可以向法院起诉，维护自身权利。

依据：《中华人民共和国消费者权益保护法》第9条、第26条

参考判例

阳光娱乐公司经营 KTV 业务，为了让顾客在其经营的 KTV 超市内消费酒水、饮料、食品，其在经营场所门口二楼电梯口处摆放一告示牌，告示牌上明确标注"本场所谢绝自带酒水小吃"等字样标语。后有消费者向当地市场监督管理局投诉。

市场监督管理局认为，该公司张贴带有"本场所谢绝自带酒水小吃"内容的告示牌，是使用格式条款变相强制消费者购买其提供的商品或者服务。告示牌的内容违反了相关法律规定，构成使用不平等格式条款侵害消费者权益的违法行为，故依据《中华人民共和国行政处罚法》《侵害消费者权益行为处罚办法》的规定，决定对该公司处以 1000 元罚款。

原：浙江省台州市仙居县仙市监处罚（2023）21 号案

网购平台协议中如果出现"签收即视为认可商品质量""交易成功后不支持售后"等条款有效吗

无效。

法律明文规定，下列格式条款出现在网购平台协议中都是无效的。

其一，关于收货人签收商品即视为认可商品质量符合约定的条款；

其二，关于网购平台依法应承担的责任一概由平台内商家承担的条款；

其三，关于网购平台或者商家享有单方解释权或者最终解释权的条款；

其四，关于排除或者限制消费者依法投诉、举报、请求调解、申请仲裁、提起诉讼的权利的条款；

其五，其他排除或者限制消费者权利、减轻或者免除网购平台或者商家责任、加重消费者责任等对消费者不公平、不合理的条款。

依据：《最高人民法院关于审理网络消费纠纷案件适用法律若干问题的规定（一）》第1条

参考判例

2020 年 12 月，大伟在某网络交易平台向大强购买了某品牌二手女款包，价款 14000 元，卖家保证为正品，承诺货到付款，如假包退。后大伟委托检测机构进行检测，发现该包并非正品，遂将该包寄回给大强。大伟要求退款未果，诉至法院要求全额退款。被告大强陈述，其专业从事奢侈品经营交易，与大伟曾进行过多次交易，并辩称交易是货到付款，买家付款表明已认可商品质量，且平台《用户行为规范》明确："交易成功后，不支持售后维权"，故不同意退货退款。

法院认为，平台用户行为规范关于"交易完成，不支持售后维权"的内容，是电子商务经营者为重复使用而预先拟定的，且在订立合同时未与对方协商的条款，属格式条款。该格式条款不合理地免除了经营者责任，排除了消费者权利，依据《最高人民法院关于审理网络消费纠纷案件适用法律若干问题的规定（一）》第 1 条之规定，应认定为无效。

原：最高人民法院发布十件网络消费典型案例之十

网购给商家差评可能构成侵权吗

对网购商品和商家进行评价，是消费者的合法权利，但借机诽谤、诋毁、损害商家名誉的话，可能构成侵害名誉权。

法律规定，名誉是对民事主体的品德、声望、才能、信用等的社会评价。民事主体享有名誉权。任何组织或者个人不得以侮辱、诽谤等方式侵害他人的名誉权。同时，法律也规定对消费的商品和服务进行评价和监督属于消费者的合法权利。

法律对于消费者评价权和商家名誉权保护的平衡点，即判断网购给商家差评是否构成侵权的关键，在于其发表差评的行为是基于事实的消费者的主观表达，还是虚构事实对商家名誉进行诽谤和诋毁。

消费者收到货物后，基于货品本身的情况发表评价，表达消费者自身的主观感受及个人体验，属于受法律保护的消费者的权利。这种主观评价不可能苛求完全不带有消费者的情绪和态度，只要评价内容中没有虚构、捏造事实，达到侮辱、诽谤的程度，就属于合理的范围，不属于对商家名誉权的侵犯。

依据：《中华人民共和国民法典》第1024条

参考判例

大伟在大强经营的网络店铺购买黄铜拉手，之后大伟就该订单发表差评，包括"买的这款把手比别人家贵，当时跟卖家沟通了说退我差价，让我必须好评才退，好评是消费者自愿的，还要卖家逼迫着发吗？恶心！很让人反感！""刚安装第一天变黑了，卖家说正常，让用抛光膏处理说送我一个……我不要这几十块钱也要让消费者知道，这个把手你得当祖宗供着才行！""……无良商家！曝光你！"等内容。大强起诉请求判令大伟停止侵权行为，删除案涉评价，并在当地报纸刊登道歉声明，消除影响、恢复名誉，赔偿经济损失、精神损害抚慰金等。

法院认为，大伟发表"差评"内容主要对案涉产品变色问题进行描述，并配有相关图片，未有证据显示评论配图严重失实，故对大强主张有关大伟捏造相关产品质量描述的主张，不予采纳。尽管大伟在发表差评时使用了"恶心""这个把手你得当祖宗供着才行"等用语，但仍然是针对案涉产品进行的情绪性表达，且评论内容未披露大强姓名，也未对大强个人的品格、信用等进行负面评价。故本案不足以认定大伟的行为构成对大强名誉权的侵害。判决驳回大强的全部诉讼请求。

原：广州市中级人民法院发布消费者权益保护十大典型案例之四

快递员电话告知我买的东西弄丢了，应该怎么办

需要区分快件在哪个环节丢的。

其一，如果快递在签收前丢失，则应该联系卖家，要求其补货、退款或赔偿，因为依据《中华人民共和国民法典》规定，标的物毁损、灭失的风险，在标的物交付之前由出卖人承担。当然，卖家在承担相应赔偿责任后可以向快递公司追偿。

其二，如果快递在代收点丢失，则要看放到代收点是否经过收件人同意。如果未经买家同意，则此时在法律上快递尚未签收，买家仍可向卖家要求补货、退款或赔偿。而如果快递公司将快递放在代收点是经过买家同意的，则此时在法律上视为买家已经签收，不能再向卖家主张责任，只能要求代收点进行赔偿。

依据:《中华人民共和国民法典》第604条、《快递暂行条例》第25条

参考判例

2020 年 3 月 15 日，卖家大磊在闪电快递公司办理两单投递业务，业务种类为快递包裹，内容为手表。该件于 2020 年 3 月 18 日到达收件地址所在小区，由相应的快递驿站代收。2020 年 3 月 20 日下午 4 时 22 分，收件人大伟收到快递驿站发出的取件短信，告知其取件及取件地址、取件码。2020 年 3 月 20 日 19 时，大伟前往快递驿站领取快递，其领取本案快递包裹的同时也收取其他多件快递，取件时未现场查看、检验涉案快递。当日 19 时 55 分，卖家大磊以寄件人身份向闪电快递公司的微信客服投诉快递包裹中的手表丢失，后向法院起诉要求快递公司赔偿相关损失。

法院认为，工作人员将快递投递到快递驿站，并未直接向大伟本人投递，但是大伟在收到短信取件通知后前往快递驿站领取了两个涉案快递包裹且当场未提出异议，至此卖家大磊与快递公司的邮寄服务合同应视为履行完毕，大伟领取了快递包裹离开快递驿站后将近一个小时，卖家大磊以寄件人身份进行客服投诉，表示快递包裹中的手表丢失，但卖家大磊不能提供充分证据证实涉案手表系在快递公司收寄至投递过程中发生了丢失的情形，因此对卖家大磊要求快递公司赔偿手表受损的主张不予以支持。本案即属于法院认定收件人已经同意通过代收点签收，因此快递公司无须承担责任，后续卖家只能向快递驿站主张责任。

原：天津市第二中级人民法院（2020）津 02 民终 3574 号案

小孩用家里的iPad给游戏充值，我能追回吗

如果你的小孩尚未成年，且不存在"已满十六周岁以自己的劳动收入为主要生活来源"的情况下，其自行给游戏充值，身为父母的你完全可以要求游戏平台退款。

我国法律规定，未满八周岁的未成年人属于无民事行为能力人，其不能独立实施民事法律行为，只能由法定代理人（通常为父母）代为实施，因此，未满八周岁的小孩用iPad给游戏充值的行为无效，游戏平台因此取得的收入应当返还。

而已满八周岁的未成年人为限制民事行为能力人，其只能独立实施"纯获利益的"或"与其智力、精神健康状况相适应的"民事法律行为（比如接受他人赠与，或者购买零食、日用品等小额商品），超出前述范畴内的民事行为需要法定代理人同意、追认方才有效，而给游戏充值在司法实务中通常会被认定已经超出了前述范畴，因此，父母若不同意，完全可以要求游戏平台返还充值金额。

依据：《中华人民共和国民法典》第19条、第20条、第145条、第157条

参考判例

大浩儿子刚年满十四周岁，其在大浩及家人不知情的情况下，通过某平台先后七次从秋云公司经营的网店"X游戏"购买374个游戏账号，共计支付36652元，上述游戏账号内的装备都是皮肤、面具、小花裙子等。大浩次日发现后，及时与秋云公司网店的客服人员联系，表示对儿子购买游戏账号及付款行为不予追认并要求退款，秋云公司不同意全额退款。

法院认为，案发时大浩儿子未成年，属于限制民事行为能力人，购买游戏账号支付36652元的行为，显然与其年龄、智力不相适应，大浩作为法定代理人亦明确表示对该行为不予追认，故大浩儿子实施的购买行为无效，判决秋云公司向大浩全额返还购买游戏账号款36652元。

原：最高人民法院2022年未成年人权益司法保护典型案例之一

卖假货的商家遇到职业打假人，法律保护谁

在食品、药品领域的知假买假并要求赔偿一般会得到法院的支持，其他领域则是不行的。

明知道是假货，仍然去购买，并在购买后旋即提起诉讼主张赔偿以此牟利，这样的"职业打假人"曾广受争议，有的人认为这属于合法维权，有的人则认为这涉嫌敲诈。目前，结合《最高人民法院关于审理食品药品纠纷案件适用法律若干问题的规定》第3条"因食品、药品质量问题发生纠纷，购买者向生产者、销售者主张权利，生产者、销售者以购买者明知食品、药品存在质量问题而仍然购买为由进行抗辩的，人民法院不予支持"的规定，可知现阶段食品、药品领域中知假买假的行为并不为法律所禁止。

但在非食品、药品的普通商品领域，法院目前通常不会支持此类知假买假的索赔请求。此外，即便在食品、药品领域，法院结合具体案情分析后，也存在认为知假买假者不属于法律所需保护的消费者而对其赔偿请求不予支持的可能性。

依据:《最高人民法院关于审理食品药品纠纷案件适用法律若干问题的规定》第3条

参考判例

2019年4月21日，大力在康健大药房购买某产品22盒，单价140元，实付金额3080元。经审查，该产品虚构食品生产许可证编号，无生产者联系方式，在国家食品药品监督管理总局数据库查询不到所售产品的合法资质。大力向法院起诉，请求判令康健大药房退还购货款3080元并依照食品安全法给予10倍赔偿30800元。另查明，大力提起的诉讼超过百起，大力在同一时期在该市其他县区范围内多家药店购买了同样或者类似产品，并提起诉讼。

法院经审理认为，实践中，对于一般商品或者服务领域中的"知假买假"人或以此牟利的职业打假人是否属于消费者虽存在争议，但因食品、药品是直接关系人体健康及安全的特殊、重要的消费产品，法律法规和相关司法解释对于食品、药品领域中职业打假人的牟利性打假行为并未作出限制，即目前不因其牟利性打假而否定食品、药品领域中职业打假人的消费者身份。故本案中，<u>虽然大力可能存在知假买假的行为，可能有专门知假买假后索赔获利的意图</u>，<u>但因其所购商品为药品，故仍属于上述司法解释所保护的消费者</u>，应支持原告大力主张的价款10倍赔偿请求。

原：湖北省高级人民法院（2020）鄂民申1942号案

过年的时候微信群抢红包，也有法律风险吗

在家庭内部以娱乐为目的的抢红包不会涉及赌博的问题。

但是，有些微信群抢红包已经演变为线上赌博的新形式。

这种微信群抢红包式的赌博，组织者通常会设计明确的规则，常见的有：红包只能由代发手发出，代发手在群中发出一定数额的红包后，参与抢红包的人抢到特定数额或者排名特定顺位的人为输家，该输家需向代发手转账特定金额作为本轮输掉的钱（其他的人则可以保有抢到的红包金额继续参与下一轮抢红包），微信群主作为组织者会从每轮抢红包的金额中收取一定比例作为"抽头"，从中获利，为避免抢红包的人成为输家后不认账，这种微信红包群通常还会对入群要求支付一定数额的押金。

从上述规则不难看出，这种形式的微信抢红包不过是把赌博从现实世界搬到了虚拟的网络空间，但并不能改变这种行为仍然属于赌博的本质。

依据：《中华人民共和国刑法》第303条第2款

参考判例

2015 年 9 月至 11 月，大壮在杭州市活动期间，分别伙同被告人大辉等人，以营利为目的，邀请他人加入其建立的微信群，组织他人在微信群里采用抢红包的方式进行赌博。期间，被告大辉帮助大壮在赌博红包群内代发红包，并根据发出赌博红包的个数，从抽头款中分得好处费。

法院认为，以营利为目的，通过邀请人员加入微信群，利用微信群进行控制管理，以抢红包方式进行赌博，设定赌博规则，在一段时间内持续组织赌博活动的行为，属于刑法第 303 条第 2 款规定的"开设赌场"，已构成开设赌场罪。判处有期徒刑三年，并处罚金人民币 25000 元，随案移送的被告人犯罪所用工具手机 6 部予以没收，上缴国库；尚未追回的被告人犯罪所得赃款，继续予以追缴。

原：最高人民法院指导案例第 106 号案

"假一赔三，假一赔十"，这是广告语还是我们享受的权利

这是我们享有的权利，其中"假一赔十"主要适用食品安全领域。

"假一赔三，假一赔十"都是法律对商家出现某些恶劣行为时进行的惩罚性赔偿，对消费者进一步加强保护的规定。

"假一赔三"指的是两种情况。一种是商家故意卖给我们假货时，我们可以要求商家以货款的 3 倍数额向我们赔偿损失，货款的 3 倍如果低于 500 元，商家至少要赔 500 元。另一种是商家卖给我们的货有严重质量问题导致使用的时候我们的人身受到重大损害，比如电器爆炸导致手被炸伤，我们除了可以要求商家赔偿我们的医药费等损失外，还可以要求商家在这些损失金额的两倍以内再向我们进行赔偿。

"假一赔十"主要适用在食品安全领域，比如从商家购买了食品，最后因为商家的卫生、违规使用添加剂等问题身体吃出了毛病，我们除了要求赔偿损失外，还可以要求商家或者食品的生产厂家赔给我们食品价款 10 倍或损失 3 倍的赔偿金，食品价款 10 倍的赔偿金金额不足 1000 元的，商家或食品的生产厂家至少要赔 1000 元。

依据：《中华人民共和国消费者权益保护法》第55条、《中华人民共和国食品安全法》第148条

参考判例

2017 年 3 月 4 日，小佳在福乐多超市购买了好时臻吻 22 粒装巧克力并支付货款 378 元，发现好时臻吻 22 粒装巧克力标注生产日期为 2015 年 12 月 3 日，保质期至 2017 年 3 月 3 日，即该巧克力为过期食品，不符合法律规定，故诉至法院，要求福乐多超市返还购物款 378 元，同时支付赔偿金 3780 元。

法院认为，消费者因不符合食品安全标准的食品受到损害的，可以向经营者要求赔偿损失，也可以向生产者要求赔偿损失。小佳在被告福乐多超市购买的好时臻吻 22 粒装巧克力为超过保质期的食品，故小佳除能要求赔偿损失外，还可以向生产者或者经营者要求支付价款 10 倍或者损失 3 倍的赔偿金，即原告的诉求应当予以支持。福乐多超市应返还小佳购物款 378 元，并赔偿原告小佳 3780 元。

原: 河北省廊坊市广阳区人民法院（2017）冀1003民初4623号案

"定金"和"订金"的区别是什么

简单来说，"订金"可退，"定金"不退。

向酒店订婚宴、向4S店订汽车、向服装店订衣服时，商家通常要求你先支付一笔钱把这事"定"下来，这笔钱是"订金"还是"定金"？对应的效果区别可大了！定金的效力是法律规定的，最后你不想要了，定金是不退的。相应的，商家如果不卖给你了，也需要双倍返还你的定金。而订金不是法定的，其效力取决于商家和你的合意或者交易习惯。那么如何判断呢？关键就是看商家开给你的收据上有没有写明这笔钱属于"定金"，不然就是"订金"。

所以，有一种常见陷阱，商家为了把货卖出去，会先忽悠你付个订金，说之后不想要了可以退，但实际你交了钱之后，商家开给你的收据上写的却是"定金"！遭遇这种情况，消费者首先应该睁大双眼看清商家的小动作当场指出，如果事后发现被忽悠了想维权，亡羊补牢的方法是找找有没有和商家沟通的微信聊天记录之类的证据可以证明你们谈的这笔钱可以退，然后去消费者协会投诉或者提起诉讼。

依据：《中华人民共和国民法典》第586、第587条

参考判例

　　大伟与如风汽车销售公司签订车辆销售合同，车辆全款
15万元，签订合同后，大伟向如风汽车销售公司支付订金4
万元。大伟缴纳后，如风汽车销售公司开具收据称收到大伟定
金4万元。而后大伟不想购买该车辆，要求如风汽车销售公
司退还4万元，如风汽车销售公司拒绝。大伟遂起诉要求退
还4万元。

　　法院认为，首先，定金和订金存在明显区别。双方地位存
在优弱势差别时，有很多诱使弱势方仓促签订合同的情形，因
此，审判时宜综合考虑，通过判决起到一个指引作用，使强势
交易方能够合理规范自己的行为，以维护安全、公平的交易秩
序。其次，定金数额不得超过主合同标的额的20%，而4万
元已经超过该数额。综合考虑，案涉4万元不能体现定金的
惩罚性质，不具有定金本质属性。格式合同中即使运用定金二
字，如未体现定金制度的本质特征也不宜认定为定金。最后，
收据亦载明4万元为订金。故判令如风汽车销售公司退还4
万元。

　　原：广州中院公布2017年十大商事案例之十

玩游戏开外挂都知道是作弊，但这种行为涉嫌犯罪吗

玩游戏开外挂可能涉嫌破坏计算机信息系统罪。

目前，我国刑法已将违反国家规定，对计算机信息系统功能进行删除、修改、增加、干扰，造成计算机信息系统不能正常运行且后果严重的行为明确定性为犯罪。而在玩游戏中使用外挂，本质上就是对安装在计算机信息系统中的合法互联网游戏软件所设置的技术保护措施进行破坏，进而对游戏进行非法删除、修改、增加、干扰的行为，属于该罪名的典型构成情形。

当然，也不是只要使用了外挂就有犯罪的风险，我国刑法规定入罪需要达到后果严重的程度，比如在十台以上电脑上使用外挂，或者使用外挂牟利（使用外挂经营"代练"、使用外挂刷金币或者出售装备）违法所得 5000 元以上或者造成经济损失 10000 元以上等。

依据:《中华人民共和国刑法》第286条

参考判例

2011 年 11 月至 2012 年 6 月，大壮购买一款针对新时代公司运营的《闯关王者》的外挂程序后，使用多台计算机运行《闯关王者》外挂程序，对该游戏系统数据等进行修改等操作，从而非法获取《闯关王者》游戏币。期间，大壮通过网络平台销售非法获取的游戏币，获款共计 252774 元。经鉴定，大壮使用的《闯关王者》外挂程序，未获取《闯关王者》创建、获取、修改系统数据的相关权限。

法院认为，大壮违反国家规定，对计算机信息系统中存储、处理或者传输数据和应用程序进行修改等操作，违法所得人民币 252774 元，后果特别严重，其行为确已构成破坏计算机信息系统罪，考虑到大壮归案后，能如实供认基本犯罪事实，并当庭认罪，依法可以从轻处罚，最终判处有期徒刑五年六个月。

原：四川省成都市中级人民法院（2013）成刑终字第 229 号案

婚姻与家庭

《中华人民共和国民法典》
《中华人民共和国刑法》
《中华人民共和国治安管理处罚法》
《中华人民共和国反家庭暴力法》

"清官难断家务事"这句俗话，从一个角度体现了婚姻家庭相关纠纷的复杂。而这句话，很可能在古代没有明确法律体系的情况下，是清官为了保全自己的英明形象而用来回避相关案子的托辞。现在我们有了《中华人民共和国民法典》等相关法律体系，让家务事在很大程度上不再"难断"。

　　然而，法律是以什么样的原则和追求在保护婚姻和家庭，人们的日常思维和法律思维又往往存在很多差异。

　　许多人存在这样一个疑惑：大家选择走进婚姻组建家庭都是基于爱情，那么法律是否保护爱情？很遗憾，法律不保护爱情。原因很简单，不是法律不愿意，而是法律做不到。

　　一方面，法律追求确定性，法律保护的前提是可以对其性质、状态进行明确的判断，是或者不是，有还是没有，存在还是不存在，但是人内心的情感世界幽微难测，爱还是不爱，很多情况下就算当事人自己都说不清，又如何设想让法官居中裁断一段感情中的是非对错。另一方面，法律说到底是一套规则系统，其基本逻辑是"谁享有何种权利，谁又相应地负有何种义务，又在未尽到此种义务时将承担何种责任"。法律无法规定丈夫有义务一直爱妻子，是因为如果这样规定，一旦爱情不复存在，法律应该规定丈夫承担何种责任。法律无法强制一个人去爱另一个人，法律也没有能力让一段已经逝去的爱情起死回生。

对于婚姻家庭，法律能做到的，就是保护其中每个成员可以明确化的切身利益。这种保护体现在：一方面，法律保护每个婚姻家庭成员的人身利益，规定成员之间需要互相尊重，守望相助，法律旗帜鲜明地反对家庭暴力，也规定如果配偶遇险，另一方必须救助；另一方面，法律保护每个婚姻家庭成员对日常事务的参与决定权，法律规定对子女的抚养教育、家庭财产的处置、家庭债务的承担等事务，都需要双方同意，一个人说了不算。

同时，法律也正视婚姻家庭中存在弱者的现实，因此对弱者的利益进行了倾斜保护。这种保护体现在：法律规定如果一方存在重婚、虐待遗弃家庭成员等过错，另一方可以在离婚时要求其赔偿；如果一方存在隐藏、转移夫妻共同财产等情形，其在离婚时应当不分或者少分财产；为家务付出较多一方，在离婚时可以要求家务补偿；离婚确定子女抚养权时，以有利于保护子女利益为原则；等等。

大家需要认识到，婚姻家庭生活是极为丰富的，存在太多难以言说、不能明确的部分，仅凭法律并不能帮我们赢得或者守住一段幸福的婚姻、一个美满的家庭，法律更多的是对此提供了一种兜底性的保护，而在此之上的空间，需要大家好好用心经营。

以夫妻一方名义对外借的债，算夫妻共同债务，还是夫妻一方个人债务

以下属于夫妻共同债务。

其一，夫妻双方共同签名或者夫妻一方事后追认等共同意思表示所负的债务；

其二，夫妻一方在婚姻关系存续期间以个人名义为家庭日常生活需要所负的债务。

以下属于夫妻一方的个人债务。

其一，夫妻一方在婚姻关系存续期间以个人名义超出家庭日常生活需要所负的债务（但债权人能够证明该债务用于夫妻共同生活、共同生产经营或者基于夫妻双方共同意思表示的仍属于夫妻共同债务）；

其二，夫妻对婚姻关系存续期间所得的财产约定归各自所有，夫或者妻一方对外所负的债务，相对人知道该约定的，属于夫妻一方的个人债务。

依据：《中华人民共和国民法典》第1064条、1065条第3款

参考判例

　　大壮和大力是多年的朋友。大壮称其儿子急需资金，请求大力向其提供借款，并口头承诺周转几天就归还。大力共计出借 1300000 元，大壮归还 420000 元，尚欠 880000 元未偿还，为此大力提起诉讼要求还款。

　　对于本案是否为两被告夫妻共同债务的问题，法院经审查后认为，对于借款用途，大力主张借款的实际使用人系两被告的儿子，被告大壮予以否认，但对借款实际用途无法作出具体陈述；2020 年 10 月 30 日大力前往大壮家中催讨本案债务，大壮妻子在派出所签署了当场调解协议书，该协议书明确载明大力与大壮的债务问题、大壮还的最后一笔钱。结合事件处理经过，以及两被告共同生活居住的事实，签订协议书当日，大壮妻子应当知道大力与大壮的债权债务关系。其签订当场调解协议书的行为，已构成对大壮债务的追认。故本案债务应认定为夫妻共同债务。

原：浙江省衢州市柯城区人民法院（2020）浙0802民初4196号案

房子是父母全额出资为自己在婚前购置的，但婚后给对象在房产证上加了名，那离婚时这套房子属于一方的婚前财产，还是夫妻共同财产

属于夫妻共同财产。

婚前，父母全额出资给自己购买的房子，房产证上也登记的是自己的名字，此时，房子属于父母对子女的赠与，子女在接受赠与后成为该房屋的所有权人。婚后，子女作为该房屋的所有权人给配偶加名的行为，属于对配偶的赠与，由此房屋从夫妻一方单独所有变为夫妻双方共同所有。

这个问题的关键在于，离婚时，可不可以撤销这部分对配偶的赠与，使房子恢复到自己单独所有的状态呢？答案是不行。

法律规定，一般而言，赠与人在赠与财产的权利转移之后，就不可以再主张撤销赠与。而房屋作为不动产，其权利转移的时间节点是进行不动产登记变更之时。也就是说，在婚后给对象完成加名后，房屋就已经转变为夫妻共同财产。

依据：《中华人民共和国民法典》第209条第1款、第658条第1款

参考判例

大浩与小清于 2016 年 2 月登记结婚。婚前，大浩母亲全资为儿子购买房屋一套。2018 年办理房屋产权登记时，大浩将小清登记为房屋共同共有人，后双方产生矛盾分居。2021年 9 月，小清诉至法院要求离婚并主张分割案涉房屋 50% 的份额。大浩认为房屋系母亲赠与自己的，不应作为夫妻共同财产分割，且小清在离婚前两年存在转移夫妻共同财产的行为。

法院认为，双方分居两年，感情确已破裂，应准予离婚。案涉房屋虽系大浩母亲于双方婚前出资为大浩购买，但在婚姻关系存续期间登记在双方名下，应认定为夫妻共同财产。综合考虑购房出资情况、双方婚姻关系存续时间、双方对离婚均有过错以及小清存在转移夫妻共同财产的行为等情形，遂判决：准予大浩与小清离婚，案涉房屋归大浩所有，大浩支付小清房屋价值 25% 的补偿。

原：江苏省高级人民法院发布二十个家事纠纷典型案例之六

年老再婚，但仅有一套房子，既想确保身后房子能留给子女，又希望自己和再婚老伴在世期间不影响居住，怎么办

可以在房子上设立居住权。

居住权是依据合同约定，对他人的住宅享有占有、使用以满足生活居住的需要的物权。要实现子女继承利益和自己及老伴居住利益的平衡，只需在房子上为自己和再婚老伴设立居住权，同时将房屋的产权转移给子女。这样，既可以确保房子在自己身后留给子女，又能确保自己和再婚老伴在世期间居住该房屋，即便这套房子再被转卖，子女和买房人都无权要求居住权人搬离。

居住权合同一般应当包括姓名或名称、住所、位置、条件和要求、期限、争议解决方法等条款。设立居住权要向登记机构申请居住权登记，居住权自登记时设立。

居住权不得转让、继承。设立居住权的住宅一般不得出租。居住权期限届满或者居住权人死亡的，居住权消灭。

依据:《中华人民共和国民法典》第366—370条

参考判例

案涉房屋原系大壮父母的夫妻共同财产。2007 年，大壮母亲去世。2008 年，大壮通过继承遗产及父亲的房屋产权赠与，取得案涉房屋所有权，并出具承诺书，承诺：父亲及其续弦有终身无偿居住该房屋的权利，但此房只能由大壮父亲及其续弦居住，其无权处置（出租、出售、出借等），大壮无权自行处置该房产。后大壮父亲再婚，与其续弦共同居住案涉房屋。2016 年 1 月，大壮父亲去世，其续弦仍居住在内。同年 6 月，大壮离婚，其以无房居住为由要求入住该房屋但被拒绝。大壮提起诉讼，要求判令立即返还大壮名下的案涉房屋。

法院认为，大壮在取得案涉房屋所有权时作出的承诺系其真实意思表示，且不违反法律强制性规定，大壮父亲续弦依据该承诺享有继续在案涉房屋居住的权利，大壮应按承诺履行其义务。同时，大壮父亲续弦不存在违反承诺书中对案涉房屋出租、出售、出借的行为，故对大壮要求立即返还其名下案涉房屋的请求不予支持，判决驳回大壮的诉讼请求。

原：最高人民法院发布人民法院老年人权益保护十大典型案例之一

老公背着我把我们两人共有的房子给卖了，我该怎么办

目前法律有明确规定，一方未经另一方同意出售夫妻共同所有的房屋，买房人如果是善意购买、支付合理对价并已办理不动产登记，则另一方不得主张追回该房屋。因此，如果发现配偶私下出卖共有房屋，应该如此处理。

第一步，去不动产权中心查询房屋是否已经完成过户，如果没有，则向法院申请进行诉前财产保全，第一时间将房子查封住，尽可能阻止房屋过户；

第二步，去法院起诉要求买房人返还房屋，在诉讼中主张买房人没有尽到对房屋权属的充分审查义务，不属于善意购买；

第三步，如果法院最终判定买房人善意取得该房屋，则可依据民法典第1092条"夫妻一方隐藏、转移、变卖、毁损、挥霍夫妻共同财产，或者伪造夫妻共同债务企图侵占另一方财产的，在离婚分割夫妻共同财产时，对该方可以少分或者不分"的规定，向配偶主张因此造成的损失。

依据:《中华人民共和国民法典》第1092条、《最高人民法院关于适用〈中华人民共和国民法典〉婚姻家庭编的解释（一）》第28条

参考判例

大浩和小清原为夫妻，婚后因感情不和向法院起诉离婚。2017 年 12 月，法院判决双方离婚，并认定风尚小区 1102 号为小清与大浩的夫妻共同财产。2016 年，大浩与大磊签订房屋买卖合同，将 1102 号房屋以 37 万的价格卖给大磊。1102 号房屋并未完成过户登记。2018 年，小清以大浩擅自处分为由，请求法院依法判决被告人浩与大磊签订的 1102 号商品房买卖合同无效，主张大磊将房屋返还给原告。

法院认为，大浩向大磊转让案涉房屋未经房屋共有权人小清同意，属于无权处分。虽然我国允许夫妻约定财产归属，但因此要求买受人了解出卖人的婚姻状况及夫妻财产约定过于苛求，从促进和保护交易的基本价值取向考虑，在出卖人与房屋权属登记一致的情况下，合同应为有效。关于被告大磊是否可依善意取得制度的规定取得房屋所有权，因案涉房屋并未完成登记，故被告大磊不能善意取得案涉房屋所有权，被告大磊应将涉案房屋返还小清与大浩。

原：河北省高级人民法院（2019）冀民申 4446 号案

在不离婚的情况下，夫妻一方可以要求分割共同财产吗

可以。

我国法律规定，即便还没有离婚，只要出现以下两种情形之中的一种，夫妻一方都可以向法院请求分割共同财产：

第一种情形，夫妻当中的任何一方有隐藏、转移、变卖、毁损、挥霍夫妻共同财产或者伪造夫妻共同债务等严重损害夫妻共同财产利益的行为，另一方可以向法院请求分割共同财产；

第二种情形，夫妻当中有一方负有法定扶养义务的人患重大疾病亟须医治，而对方不同意支付相关医疗费用，负有法定扶养义务的一方可以向法院请求分割共同财产。

依据：《中华人民共和国民法典》第1066条

参考判例

大磊和小静系夫妻关系，2011年7月11日办理结婚登记。2021年11月，大磊以夫妻感情破裂为由向法院起诉离婚，但法院判决不准离婚。2021年10月15日至2022年2月15日，大磊陆续从其名下中国农业银行账户内支取存款25万元。小静以大磊转移夫妻共同财产，且不向其母子支付生活费为由，提起诉讼，要求分割婚内夫妻共同财产。

法院认为，被告大磊于2021年11月向法院递交起诉状提起离婚诉讼，其在2021年10月至2022年2月间，在未告知原告小静的前提下将夫妻共同存款25万元取出，除2021年10月15日支取的7万元是在大磊父亲治疗期间，有其提供的病历、清单佐证用于其父亲治疗，剩余18万元均未能提供有效证据证明款项支出的合理用途，存在转移夫妻共同财产、损害夫妻共同财产利益的嫌疑。现原告小静要求分割夫妻共同存款，理由正当，于法有据，法院对该18万元共同存款予以平均分割，判决被告大磊应给付原告小静共同存款9万元。

原：安徽省萧县人民法院（2022）皖1322民初4832号案

妻子不慎落水，丈夫在场如果不加以救助是否构成犯罪

可能构成故意杀人罪。

只要是非法剥夺他人生命的行为都可能构成故意杀人罪。这种行为可以表现为作为的形式，也可以表现为不作为的形式。

以不作为行为实施的故意杀人，指的是对防止他人死亡结果的发生负有特定义务的人，在有能力防止他人死亡结果发生的情况下，却不采取措施防止该危害结果的发生，以致他人死亡，就应当承担相应的刑事责任。

法律明确规定夫妻之间具有相互帮助、扶养，以及危急时相互救助的义务。在妻子不慎落水，生命处于危急状态下，一旁的丈夫如果没有及时采取施救措施，或者也没有通过拨打报警电话及请求周围人群施救，导致妻子溺水死亡，则法律上认为丈夫这种不加以救助的不作为和妻子的死亡之间存在刑法上的因果关系，丈夫构成不作为的故意杀人罪。

依据：《中华人民共和国刑法》第14条

参考判例

2016 年 10 月 30 日早上，大壮无证驾驶大货车搭载小菲（系大壮之妻），沿 G65 高速路行驶。9 时 46 分，该大货车以时速五六十公里的速度在白云隧道出口附近，小菲打开副驾驶车门跳车。大壮看见小菲跳车后未及时停车对小菲施救，也未及时报警求救，驾车离开现场。随后，经他人报警，小菲被路过的 120 急救车送到医院，经抢救无效死亡。

法院认为，被告人大壮驾驶大货车搭载其妻子小菲在高速公路上行驶，明知其妻子跳车后处于危险状态，在防止小菲死亡的发生结果负有特定的司乘义务、夫妻救助义务的情况下，应当救助且能救助而未救助，发生其妻子死亡的后果，其行为构成故意杀人罪。鉴于大壮存在自首情节，法院最终判决被告人大壮犯故意杀人罪。

原：重庆市南川区人民法院（2017）渝 0119 刑初 220 号案

隐瞒自己的情况（财富、征信、疾病、债务）结婚有效吗

除了婚前向对方隐瞒自己患有重大疾病外，对其他信息的隐瞒并不会影响婚姻的效力。

目前，法律仅明文规定了三种情况下的婚姻无效：其一为重婚，其二为有禁止结婚的亲属关系（直系血亲或者三代以内的旁系血亲），其三为未到法定婚龄（男不得早于二十二周岁，女不得早于二十周岁）。婚前隐瞒自己的财富、征信和债务情况等，均不属于上面的任何一种情况。

对于一方患有重大疾病，但没有在结婚登记前如实告知的，另一方可以向法院请求撤销婚姻。需注意的是，其一，目前对于何种疾病属于法律规定的重大疾病，需要法院结合具体案情进行判断（一般为严重遗传学疾病、严重性病等传染病、精神分裂症等精神疾病）；其二，如果另一方不起诉撤销，已经形成的婚姻关系的法律效力并不会受到影响；其三，如果另一方要起诉请求撤销婚姻，应当自知道或者应当知道撤销事由之日起一年内提出。

依据：《中华人民共和国民法典》第1051条、第1053条

参考判例

大壮与小菲于 2018 年经人介绍相识，后双方自愿登记结婚。结婚前，大壮与小菲进行了婚前健康检查，婚后双方生育两女。事实上，小菲在婚前已被湖南省第二人民医院诊断患有（右额叶占位）星形细胞瘤（WHOII 级），并在该院住院进行了手术治疗和放疗，肿瘤被部分切除，但该情形并未告知大壮。婚后，小菲病情复发，于 2021 年 3 月 2 日至 2021 年 3 月 15 日在首都医科大学附属北京天坛医院手术治疗，术后出院诊断为间变星形细胞瘤（右额顶复发 WHOIII 级）。大壮起诉请求撤销婚姻。

法院认为，本案系撤销婚姻纠纷。小菲结婚前虽然患有星形细胞瘤（WHOII 级），但该病不属于婚前医学疾病检查范围，亦不属于我国原婚姻法和原母婴保健法规定的不应当结婚的疾病，大壮与小菲的婚姻关系不属于法律规定的可撤销婚姻的情形，故对大壮要求撤销大壮与小菲之间的婚姻关系的诉讼请求，本院不予支持。

原：湖南省隆回县人民法院（2021）湘 0524 民初 4465 号案

怀孕生下了男友的孩子，但是他不愿意结婚，也不愿意抚养孩子，怎么办

可以起诉男方要求其支付孩子的抚养费。

我国法律对于婚生子和非婚生子的权利给予同等保护，虽然还没有结婚，但是只要生下了孩子，男方对孩子就需要和女方一起承担抚养义务。如果男方不直接对孩子实施抚育教养，则需要支付相应的抚养费直至孩子成年。法律规定，男方要支付的抚养费包含生活费、教育费、医疗费等。

如果男方对于孩子是不是其亲生的存在质疑，女方也可以向法院起诉请求确认亲子关系，在诉讼过程中通过相关司法鉴定对亲子关系加以认定，案件的判决结果可以在抚养费纠纷案件中作为免证事实加以援引。

依据:《中华人民共和国民法典》第1071条、第1073条

参考判例

　　大壮与小菲育有一非婚生子，小孩出生后由其外祖母照料生活。自 2008 年下半年起，大壮外出务工后一直未归，亦未向小孩支付抚养费用。2015 年 1 月，大壮找到小孩就读的学校探望，但其后又表示因其已结婚且经济困难故仍不愿意承担小孩的抚养、监护责任。其小孩遂起诉至法院，请求大壮支付自 2009 年 1 月 1 日起每月抚养费用 1500 元直至其独立生活时止。

　　法院认为，非婚生子女享有与婚生子女同等的权利，任何人不得加以危害和歧视。不直接抚养非婚生子女的生父或生母，应当负担子女的生活费和教育费，直到子女能独立生活为止。因大壮无固定工作及收入，结合该市城区实际的生活水平，综合考虑，大壮每月承担 600 元为宜。法院最终判决大壮应支付自 2009 年 1 月 1 日至 2016 年 6 月 30 日期间的抚养费用共计 54000 元，2016 年 7 月 1 日起，大壮每月支付 600 元抚养费直至其小孩独立生活时止。

原：湖北法院保护未成年人合法权益典型案例（2017）之八

婚后妻子不愿生育，丈夫可以主张其生育权受到侵害吗

不可以。

生育权是指公民享有的生育子女及相关衍生权利，包括以下几部分内容：（1）公民拥有生育子女的自由，也拥有不生育子女的自由；（2）公民拥有决定子女生育的数量、时间等的自由；（3）在生育问题上，夫妻之间的权利原则上是平等的。

基于女性在生育活动中需承受更高的风险，目前法律对于女性进行了一定程度的倾斜保护，规定丈夫不能仅以妻子擅自终止妊娠而主张其生育权受到侵犯进而主张损害赔偿。

当然，基于衡平保护的考量，法律也规定如果夫妻双方因是否生育发生纠纷，而该纠纷已经导致夫妻感情确已破裂的程度，此时如果一方请求离婚，法院在调解无效的情况下，应当判决双方离婚。

依据：《最高人民法院关于适用〈中华人民共和国民法典〉婚姻家庭编的解释（一）》第23条

参考判例

大浩与小清经介绍相识恋爱登记结婚，婚后未生育子女。双方因家庭琐事发生矛盾，小清以夫妻感情破裂为由起诉离婚，诉讼中大浩提出小清私自打掉孩子侵犯了其生育权，对大浩造成伤害，要求小清补偿10000元损失费。

法院认为，夫妻双方依法行使生育权，其他任何人不得干涉。因女方在生育过程中，所承担的生育风险和心理压力大于男方，因此应给予女方更大的生育选择权。女方未经丈夫同意私自终止妊娠，虽可能对夫妻感情造成伤害，但是丈夫不能以本人享有的生育权对抗妻子享有的生育决定权。同时《中华人民共和国妇女权益保障法》第51条规定，妇女有按照国家相关规定生育子女的权利，也有不生育的自由。因此，即使小清对腹中胎儿进行流产手术，也不构成对大浩生育权的侵害，大浩基于配偶权所享有的生育权仍然可以实现。因此，大浩对于小清私自流产侵犯了其生育权，要求小清补偿10000元损失费没有法律依据，法院不予支持。

原：重庆市石柱土家族自治县人民法院（2016）渝0240民初2553号案

抓小三有什么法律风险

尽管做小三是违背道德和善良风俗的行为，但是在抓小三的过程中仍不能逾越法律的界限，否则需就造成的后果承担民事上的赔偿责任乃至刑事责任。

在抓小三的过程中，过激行为造成对方人身财产损害的，将构成侵权而需要承担赔偿损失、赔礼道歉、消除影响等责任。

如果期间行为过于极端，如未经允许闯入小三住处、对小三实施暴打、拍摄裸照等行为，则可能触犯刑法，构成故意杀人罪、故意伤害罪、强制猥亵侮辱罪、非法侵入住宅罪等。

如果行为的严重程度还未触犯刑法，但又造成了一定程度的影响，那么这时很可能会因触犯《中华人民共和国治安管理处罚法》之规定而导致被罚款甚至行政拘留。其中，结伙殴打、伤害他人身体的处 10 日以上 15 日以下拘留，并处 500 元以上 1000 元以下罚款；猥亵他人的，情节恶劣的处 5 日以上 10 日以下拘留。

依据:《中华人民共和国刑法》第232条、第234条、第237条第1款、第245条第1款,《中华人民共和国治安管理处罚法》第43条、第44条

参考判例

大壮因怀疑工友大永与其妻子小菲有不正当男女关系，遂对其进行跟踪。当看到大永和小菲走到一起时，大壮上前将大永抱起摔在地上，又用拳脚对大永头部、腰部等部位实施殴打。后大永被送医院抢救无效死亡。经鉴定，大永系颅脑损伤死亡。

法院认为，被告人大壮无视国家法律，故意伤害他人身体，并造成他人死亡的严重后果，被告人大壮实施的伤害行为与被害人死亡的严重后果之间存在刑法上的因果关系，被告人大壮的行为已触犯刑律，构成故意伤害罪，应依法惩处。被告人大壮在投案途中被公安机关抓获，自首情节成立，依法可从轻或减轻处罚。视被告人在案发后积极送被害人到医院，主观上不具有导致被害人死亡的意愿，被告人当庭认罪等情节，判处有期徒刑十三年，同时被告人应赔偿被害人母亲经济损失共计人民币 32184 元。

原：云南省昆明市中级人民法院（2015）昆刑一初字第165号案

如果夫妻一方长期下落不明，可以和其离婚吗

可以，先向法院申请宣告配偶失踪，再向法院起诉离婚。

现实生活中有这种情况，夫妻当中的一方外出务工、经商或者因各种原因离家出走后就音讯全无，且长期处于失联状态，这使得夫妻中留守在家的一方既无法有效管理夫妻共同财产，又被困在名存实亡的婚姻当中无法开始新的生活。

为了解决这类问题，法律规定，自然人下落不明满二年（时间自其失去音讯之日起计算），利害关系人（如配偶）可以向法院申请宣告该自然人失踪。失联的一方被宣告失踪后，在家的一方就可以合法代管其财产直至与宣告失踪人取得联系。同时，只要一方被法院宣告失踪，另一方提起离婚诉讼的，法院就会依法判决准予离婚。

依据：《中华人民共和国民法典》第40条、第41条、第1079条第4款

参考判例

　　大磊与小静系夫妻，婚后育有一子。大磊于 1996 年 11 月前往玻利维亚开餐馆谋生，开始还与小静联系，但于 1999 年后便不再与小静联系，音讯全无。2021 年，小静因无法与大磊取得联系，婚姻关系名存实亡，故诉至法院要求判处离婚。

　　此前，小静已向法院申请宣告大磊失踪。法院在查明相关事实后宣告大磊失踪。

　　法院认为，《中华人民共和国民法典》第 1079 条规定："一方被宣告失踪，另一方提起离婚诉讼的，应当准予离婚。"本案被告大磊已被依法宣告失踪，对原告小静要求离婚的诉讼请求，法院予以支持。

　　原：山东省青岛市李沧区人民法院（2021）鲁 0213 民初 2246 号案

分居满二年再起诉离婚，法院是否必然判离

只有因"感情不和"而分居满二年，法院才必然判离。

现实生活中，夫妻双方还有可能因为工作、学习、就医等长期分居两地，这些都不属于因"感情不和"而分居，因此法院也不会因此必然判离。在相关案件审理过程中，法院还是会结合全案事实分析判定分居的原因是否属于"感情不和"。

如果希望通过分居满二年诉讼离婚，证据很关键，最好是夫妻双方可以签署书面的分居协议，将夫妻分居的背景和起始时间交代清楚，其他的有效证据还包括一方因在外居住而签订的房屋租赁合同，一方向另一方发出的书面分居文书，双方能够证明因感情不和分居事实的微信、信件、邮件等。

依据：《中华人民共和国民法典》第1079条第3款

参考判例

大强和小柔于 1994 年 6 月 2 日登记结婚，1994 年 12 月 6 日生一女。婚后初期夫妻感情尚好，后双方逐渐产生不和。2011 年 10 月 24 日，小柔诉至法院要求与被告离婚，法院于 2012 年 1 月 10 日作出判决不准离婚。该判决生效后，大强将小柔叫回家，一起过日子。2013 年 9 月，因女儿考上大学，小柔提出要到上海送孩子上学，大强同意。后小柔给大强发信息说不回家了，要在外面打工。之后，小柔再未回家。后小柔于 2016 年以与大强感情破裂为由再次起诉至法院要求离婚。

法院认为，原告已经第二次提起离婚诉讼，且双方因感情不和分居满二年，符合法律规定的情形，准予原被告离婚。

原：陕西省宝鸡市渭滨区人民法院（2016）陕 0302 民初 3392 号案

如果不能协商一致，离婚时孩子的抚养权法院一般怎么判

判决的大前提都是从有利于保护子女的利益出发。

具体的裁判尺度通常为：不满两周岁的子女，以由母亲直接抚养为原则，如果存在母亲患有久治不愈的传染性疾病或者其他严重疾病，或者母亲有抚养条件不尽抚养义务等情形，且父亲请求直接抚养的由父亲直接抚养。已满两周岁的子女，如果父母均要求直接抚养，法院会结合父母双方的个人情况和与子女之间的感情等各方面的因素进行判决。其中存在如下情况的会优先考虑：（1）已做绝育手术或者因其他原因丧失生育能力；（2）子女随其生活时间较长，改变生活环境对子女健康成长明显不利；（3）无其他子女，而另一方有其他子女；（4）子女随其生活，对子女成长有利。子女已满八周岁的，法院也会尊重孩子的真实意愿。

父母抚养子女的条件基本相同，双方均要求直接抚养子女，但子女单独随祖父母或者外祖父母共同生活多年，且祖父母或者外祖父母要求并且有能力帮助子女照顾孙子女或者外孙子女的，法院会将其作为父或者母直接抚养子女的优先条件予以考虑。特殊情况下，法院也会判决父母双方轮流直接抚养子女。

依据：《中华人民共和国民法典》第1084条第3款，《最高人民法院关于适用〈中华人民共和国民法典〉婚姻家庭编的解释（一）》第44—48条

参考判例

大浩与小清于 2016 年办理结婚登记，婚后生育一女。后大浩因夫妻感情破裂起诉至法院要求离婚，庭审中大浩与小清均表示希望取得女儿的抚养权。

法院认为，原告起诉要求离婚，被告同意离婚，经调解无和好可能，应视为原被告夫妻感情彻底破裂，原告离婚的诉讼请求，应予支持。原被告均强烈要求直接抚养婚生女儿，原被告抚养女儿的条件基本相同，双方都不放弃对女儿的抚养权，为了让孩子得到相同的父爱和母爱，婚生女由原被告以一年为期限轮流抚养为宜，直到婚生女年满八周岁。原被告互不负担女儿的抚养费。婚生女八周岁之后可继续轮流抚养，也可由父母提出变更抚养关系后由其本人自主决定跟随父或母一方生活。

原：河南省郸城县人民法院（2021）豫 1625 民初 782 号案

离婚后，对方如果不按时支付抚养费，可以不让对方探望孩子吗

不可以。

探望权是不直接抚养子女的父母一方的法定权利。只有符合"父或者母探望子女，不利于子女身心健康的"法定条件，才能由法院决定中止探望。司法实践中，前述情形通常包含父母一方患有重大传染性疾病或者精神类疾病，或者引诱未成年子女实施吸烟、饮酒、多次旷课、逃学、无故夜不归宿、离家出走、沉迷网络、与社会上具有不良习性的人交往等，组织或者参加实施不良行为的团伙、进入法律法规规定未成年人不宜进入的场所、参与赌博、变相赌博，参加封建迷信、邪教等活动，阅览、观看或者收听宣扬淫秽、色情、暴力、恐怖、极端等内容的读物、音像制品或者网络信息不良行为。

因此，探望权的行使和抚养费的支付在法律上是相互独立的，两者之间并无因果关系。如果对方不支付抚养费，可以起诉要求支付，但并不能以此拒绝对方对子女的探望。

依据：《中华人民共和国民法典》第1086条

参考判例

　　大浩与小清曾系夫妻关系，二人于 2012 年 11 月 22 日生育一子。2019 年 3 月 13 日，大浩与小清协议离婚，儿子由小清抚养。后大浩因小清不配合其探望儿子，遂起诉至法院。

　　审理中，小清辩称，大浩自 2020 年 2 月 13 日至今没有按照协议约定支付抚养费，抚养费金额高达 36.4 万元，抚养孩子的责任全部由被告一人承担，原告未履行离婚协议在先，没有对孩子尽到抚养义务。从公平原则讲，原告在按期支付抚养费之前不应享有探望权。

　　法院认为，大浩与小清的离婚协议书约定儿子的抚养权归小清，对大浩探望儿子的时间和方式未作书面约定；离婚后，二人就探望权行使问题未达成一致，进而产生了较深的矛盾。小清答辩称大浩存在对孩子的身心健康造成不利影响的行为，但并未提交证据予以证明，法院对小清的该项答辩意见不予采信。大浩要求探望儿子，法院予以支持，对于探望的时间、方式，法院根据案件情况酌情确定原告大浩每周探望儿子一次，具体时间和方式为：每周六上午 9 时自被告小清的住处将儿子接走，并于当日 17 时前送回被告小清的住处，被告小清对此负有协助探望的义务。

　　原：北京市西城区人民法院（2022）京 0102 民初 16832 号案

离婚后，夫妻中抚养孩子的一方可以不经对方同意更改孩子的姓名吗

不可以。

离婚产生的法律效果只是夫妻双方婚姻关系的解除，但并不影响夫妻各自与孩子之间的亲子关系，离婚后夫妻双方仍均为孩子的法定监护人，孩子的姓名也应该由双方共同决定。

目前，法律有明文规定，对于离婚双方未经协商或协商未达成一致意见而其中一方要求变更子女姓名的，公安机关可以拒绝受理；对一方因向公安机关隐瞒离婚事实，而取得子女姓名变更的，若另一方要求恢复子女原姓名且离婚双方协商不成，公安机关应予恢复。

依据:《最高人民法院关于适用〈中华人民共和国民法典〉婚姻家庭编的解释（一）》第59条、《公安部关于父母离婚后子女姓名变更有关问题的批复》

参考判例

大浩与小清曾系夫妻关系，经法院调解离婚，其二人婚生女随小清生活，大浩承担相应的抚养费。后小清再婚，在未经大浩同意的情况下，小清擅自将与大浩婚生女的姓氏改随其再婚丈夫姓，并改名。大浩诉至法院请求判令小清将女儿的姓名恢复为原姓名。

法院认为，依照法律规定，父母离婚后，子女无论由父或母抚养，仍是父母双方的子女，父母监护的职责不因父母离婚而消除，因此未成年子女姓名的决定权和变更权应由其父母共同行使。被告小清在未经原告大浩同意的情况下，擅自变更原被告婚生女的姓名，侵犯了原告的合法权益，应确认被告小清的行为属侵权。最终法院判决被告小清应到相应的公安机关申请将原被告婚生女的姓名进行恢复。

原：河北省黄骅市人民法院（2018）冀0983民初1527号案

离婚后还可以再要求增加抚养费吗

可以，只要符合以下任意一种情形。

其一，离婚时确定的抚养费数额已经不足以维持孩子在当地的实际生活水平，此种情形下需要准备好孩子相关生活开销对应的票据等证据；

其二，因孩子患病、上学，实际需要已超过原定数额，此种情形下需要准备好医院、学校出具的相关票据等证据；

其三，其他的正当理由，比如离婚协议中双方均同意在孩子身上的其他合理开销增加，原定的抚养费数额已经不足以覆盖的情况。

需要注意的是，增加抚养费的幅度要在支出方可以承受范围内。这个判断的尺度是：有固定收入的，抚养费一般按其月总收入的 20%—30% 的比例给付。负担两个以上子女抚养费的，比例可以适当提高，但一般不超过月总收入的 50%。无固定收入的，抚养费的数额可以依据当年总收入或者同行业平均收入，参照前述比例确定。

依据：《最高人民法院关于适用〈中华人民共和国民法典〉婚姻家庭编的解释（一）》第 49 条、第 58 条

参考判例

大强与小柔系夫妻，2015年6月23日生育一女。2016年7月8日大强与小柔因性格不合协议离婚。双方在离婚协议书第2条中约定：婚生女儿归小柔抚养，大强每月支付人民币1000元抚养费，直至女儿年满二十三周岁。后女儿（小柔作为法定代理人代理起诉）以现已上小学，需要的教育费等有所增加，物价水平亦已上涨，原抚养费不足以支付女儿的生活费用为由，诉至法院请求将抚养费增加至5000元每月。

法院认为，原告的母亲小柔与被告大强在2016年离婚时，虽约定了原告的抚养费，但离婚时约定的抚养费金额距今已有六年，随着原告年纪的增长，其需要的教育费、生活费、医疗费均有所增加也属正常，故原告要求增加抚养费的诉讼请求本院予以支持。抚养费的数额，可以根据子女的实际需要、父母双方的负担能力和当地的实际生活水平确定。因原告未提供证据证明被告大强现有固定工作及收入情况，故本院结合原告现在的生活学习、医疗的实际必要花费及其父母双方的经济能力酌情确定被告大强应承担的抚养费数额为每月2000元。

原：广州市番禺区人民法院（2022）粤0113民初7155号案

离婚后发现还有漏掉的夫妻共同财产没有分割，还可以再起诉要求分割吗，是否受三年诉讼时效的限制

可以再次要求分割，且不受三年诉讼时效的限制。

我国法律明确规定，离婚后，一方以尚有夫妻共同财产未处理为由向法院起诉请求分割的，经审查该财产确属离婚时未涉及的夫妻共同财产，法院应当依法予以分割。因此，如果在离婚后发现还有在离婚过程中遗漏、尚未分割的夫妻共同财产，当然可以依法向法院起诉要求分割。

夫妻对于共同财产在法律上的关系属于共有，共有人依法享有共有物的分割请求权，该种权利的行使不受诉讼时效的限制。因此，哪怕已经离婚，只要还存在没有分割的夫妻共同财产，夫妻任何一方都可以随时向法院起诉要求分割。

依据：《最高人民法院关于适用〈中华人民共和国民法典〉婚姻家庭编的解释（一）》第83条

参考判例

　　大强和小柔原为夫妻，2014年3月13日经法院调解离婚。2021年，小柔发现离婚时夫妻共同财产还遗漏了一个地下车库尚未分割，遂向法院起诉请求予以分割。诉讼中，大强辩称本案已经超过三年诉讼时效。

　　法院认为，车库的归属属于业主建筑物区分所有权的范畴，不适用诉讼时效的规定。故对于被告大强所持的原告小柔起诉超出诉讼时效的诉讼主张，本院不予采信。离婚后，一方以尚有夫妻共同财产未处理为由向人民法院起诉请求分割的，经审查该财产确属离婚时未涉及的夫妻共同财产的，人民法院应当依法予以分割。法院酌情确定涉案车库归原告小柔所有，原告小柔向被告大强支付补偿款7.5万元（车库价值15万元×1/2）。

　　原：山东省淄博市博山区人民法院（2021）鲁0304民初3125号案

给出去的彩礼还能再要回来吗

一般不可以，除非符合法律规定的以下几种特殊情形。

其一，双方仅仅只是订婚或者缔结婚约，最终并未办理结婚手续，此时可以要求对方返还彩礼；

其二，双方虽然办理了结婚手续，但是确实并未共同生活，离婚时可以要求对方返还彩礼；

其三，给彩礼的一方因为给出彩礼而导致生活困难（指低于当地一般的生活水准，具体在案件中，标准由法官综合判断），这种情况下在离婚后，也可以要求对方返还彩礼。

司法实践中通常被认可的彩礼形式除了现金，还包含金玉首饰、家用电器、车辆房屋等，但是恋爱期间男方基于增进双方感情关系而送给女方的手机、衣物等礼物，以及婚前男方亲属在节日生辰等向女方或其亲属进行的礼节性馈赠，通常不视为彩礼。（具体案件中，法官会结合物品价格与收入的比例等因素判断。）

依据:《最高人民法院关于适用〈中华人民共和国民法典〉婚姻家庭编的解释（一）》第5条

参考判例

大浩与小清经人介绍相识，于 2012 年 1 月 30 日登记结婚，婚后无子女。2012 年 2 月 2 日，小清因病住院 22 天，出院后双方一直分居，双方婚后共同存款一共 20000 元。因感情破裂，小清向法院提起离婚诉讼，大浩同意离婚，但要求对方适当返还彩礼及看病花费。

法院认为：关于彩礼返还问题，大浩所述婚前的聘礼，属于以结婚为目的的有条件赠与，双方已结婚，条件已成立，应按赠与处理。尽管双方共同生活时间不长，但毕竟已经结婚并共同生活，被告非因给付彩礼而导致生活困难，所以其要求返还彩礼的主张，法院不予支持。关于小清的陪嫁财产，属于其婚前个人财产。关于小清婚后住院的花费，大浩要求小清返还，法院亦不予支持，因当时处于共同生活期间，大浩有义务给作为其妻子的小清看病。最后，法院判决准予原告小清与被告大浩离婚，原告小清于判决生效之日起 10 日内支付给被告大浩共同存款折款 10000 元，被告大浩于判决生效之日起 10 日内将原告小清的陪嫁财产返回给原告小清。

原：最高人民法院公布10起婚姻家庭纠纷典型案例（山东）之二

"全职太太"在离婚时是否可以因承担较多家务而要求补偿

可以。

法律规定，夫妻一方因抚育子女、照料老人、协助另一方工作等负担较多家族义务的，离婚时有权向另一方请求补偿，另一方应当给予补偿。具体办法由双方协议；协议不成的，由法院判决。

法律对家务劳动补偿金的数额并无限制，如果双方就家务劳动的补偿金可以协议达成一致，这个数额理论上多高都可以，实践中已有数百万元家务补偿金的案例。

如果双方无法就具体的补偿额度协商一致，法院会结合夫妻双方婚姻存续的时间，一方实际抚育子女、照料老人、协助另一方工作等的实际强度和难度，另一方因受到协助而获得收入的提升程度等因素综合考虑。目前的司法实践中，通常法院确定的家务劳动补偿金都在 10 万元以下。

依据：《中华人民共和国民法典》第 1088 条

参考判例

大浩与小清于 2014 年 12 月经人介绍相识，2016 年 9 月登记结婚，婚后于 2017 年 10 月生育一女。大浩与小清结婚初期在大浩父母的房屋居住，后大浩与小清产生矛盾，小清于 2018 年 10 月搬走，双方分居。大浩曾于 2018 年 11 月起诉要求离婚，案件经法院审理驳回了大浩的诉讼请求。后大浩再度起诉离婚。诉讼中，小清以其单方抚养子女为由要求大浩向其个人支付生活费 6 万元以及物质帮助费 36 万元。

法院认为，小清因抚育子女付出较多，负担了更多的家庭义务，小清有权就此要求大浩给予补偿。法院综合案件情况，对于该两项请求酌定大浩向小清共计支付补偿款 5 万元，小清超出该数额的给付请求没有事实和法律依据，法院不予支持。

原：北京市朝阳区人民法院（2020）京0105民初9840号案

离婚或分手之后又被骚扰和威胁，怎么办

可以向法院申请人身安全保护令。

人身安全保护令是法律专门为了保护遭受家庭暴力或者面临家庭暴力的现实危险的人群而规定的制度。如果离婚或分手之后又被骚扰和威胁，可以向自己或者骚扰方居住地或者家庭暴力发生地的基层法院申请人身安全保护令。

申请方式可以是书面的，也可以是口头的。法院收到申请后，如果经审核符合条件，会在 72 小时内作出人身安全保护令；如果情况紧急，会在 24 小时内作出人身安全保护令。

人身安全保护令可以包括下列措施：（1）禁止被申请人实施家庭暴力；（2）禁止被申请人骚扰、跟踪、接触申请人及其相关近亲属；（3）责令被申请人迁出申请人住所；（4）保护申请人人身安全的其他措施。

人身安全保护令的有效期最长 6 个月，到期前如果被骚扰和威胁的情况仍在可以申请延长期限。

如果骚扰方违反人身安全保护令，法院会对其进行训诫，根据情节轻重处以 1000 元以下罚款、15 日以下拘留；如果情形更加恶劣，则可能构成刑事犯罪，骚扰方将被依法追究刑事责任。

依据：《中华人民共和国反家庭暴力法》第 23—30 条、第 34 条

参考判例

　　大强与小柔是同居关系，双方于 2021 年生育女儿。后双方分手，女儿随小柔共同生活。2022 年 3 月 9 日晚上，大强去小柔弟弟家中，使用小柔弟弟的电话向小柔及其父母实施威胁，称："如不交回孩子，将采取极端手段。"小柔及其家属于次日向所在辖区公安机关报警。同日晚上大强通过网购平台购买了具有攻击性和伤害性的辣椒水，后向法院解释是为了防身。小柔认为，结合大强平时暴躁、极端的性格，其有可能作出恐怖、极端的行为，危及自己及家属的安全及生命，故于 2022 年 4 月向法院申请人身安全保护令，请求法院裁定禁止大强骚扰、跟踪、威胁、殴打小柔及女儿。

　　法院认为，大强辩解因小柔藏匿女儿，导致其无法与女儿见面，心里很生气，于是想买瓶辣椒水。可见，大强购买辣椒水并非用于防身，而是意图报复小柔。<u>小柔提交的辣椒水购买记录、住所楼道监控录像等证据及大强自认的事实，足以证实大强及其亲属因女儿抚养权及探望争议对小柔进行骚扰、威胁，使小柔面临暴力的现实危险。</u>最终，法院依照《中华人民共和国反家庭暴力法》之相关规定，作出人身安全保护令，裁定禁止大强骚扰、跟踪、威胁、殴打小柔及其女儿。

原：最高人民法院中国反家暴十大典型案例（2023 年）之七

工作和保障

《中华人民共和国劳动合同法》
《中华人民共和国劳动法》
《中华人民共和国社会保险法》
《中华人民共和国劳动争议调解仲裁法》
《工伤保险条例》

在劳动者和用人单位的关系中，用人单位基于天然强势地位，往往容易作出损害劳动者合法权益的行为。随着互联网、自媒体的发展，劳动者维权意识也在显著提升，但由于劳动法律体系相对繁复，而法律适用又较为多元化，劳动者对劳动维权仍会存在一些认识误区，希望本部分内容可以为普通劳动者提供一些帮助。

如果你是公务员或事业编制人员，该部分内容可能对你没有太大参考价值，主要是该类人员不在劳动法相关法律保护范围之内，而是受《中华人民共和国公务员法》或者《事业单位人事管理条例》等规定的专门保护。

在出现劳动纠纷时，很多人会觉得明明就是单位违法，为什么打官司时我的主张没有被支持？这有多方面的原因，其中之一便是生活事实不一定等于法律事实。简单来说，在劳动仲裁或诉讼中，劳动者主张自身权益往往需要用法律所认可的证据去证明，即"谁主张谁举证"原则，如果你没有证据或者证据不符合法定形式，无法达到裁判机关所认定的法律事实的标准，自然你的主张也无法获得支持，因此对劳动者而言，保持证据意识，妥善收集和保管证据是维权的基础。

提及证据，可能有些人会说：有些证据不是我想拿就能拿到的，比如单位的监控录像、会议记录等，这些全是单位控制和掌握的，我能怎么办？我国劳动法等相关法律其实在设计之初就考虑到了这一现实困难，规定在特定劳动争议案件中可以突破"谁主张谁举证"的原则，强制举证责任由劳动者转移给用人单位。比如在用人单位作出辞退、解除劳动合同、削减工资、计算工作年限等决定而引发劳动争议时，法律规定举证主体为用人单位；在加班费争议案件中，如果单位掌握员工加班事实的（比如考勤打卡记录），单位亦需承担举证责任。

"经济补偿（赔偿）"这一概念是劳动纠纷中被用人单位和劳动者所提及的高频词汇，常见于劳动关系解除之时。在大多数人看来，"经济补偿"就等于"经济赔偿"，但实际上这属于两个完全不同的概念，两者区分的关键在于劳动关系解除是否合法。如果用人单位是依法解除劳动关系的（比如与员工协商一致解除、经济性裁员、劳动合同期满解除等），此时劳动者只能主张经济补偿金；如果用人单位是违法解除劳动关系的（比如在员工未违反任何规章制度下无故辞退，以"末位淘汰"辞退员工），劳动者就可以向单位主张赔偿金。简单说，"经济赔偿"的核心在于"赔"，具有惩罚性，是法律对用人单位违法解除劳动关系的一种惩罚，故其是按"经济补偿金"的两倍标准进行计算的。

想必大家都已经认识到我国劳动法的相关规定对劳动者

进行了较大程度的倾斜保护，但是这并不意味着用人单位的合法权益不会受到保护。从法律上看，用人单位与劳动者具有相同的法律地位，而法律的价值之一便是实现公平正义，促进社会稳定，因此用人单位如果依法依规办事，其合法权益自然也会受到法律保护。

当然，我们在工作中所面临的劳动争议基本可以借助法律来维权，但是法律并不是解决问题的唯一手段，出现问题时我们也可以理性与单位协商，以争取相应权益。

劳动法中离职时的"经济补偿金"是怎么计算的

《中华人民共和国劳动合同法》是 2008 年 1 月 1 日起施行的，在此日期前的经济补偿需按照当时有关规定执行，因此实际中每个人经济补偿金的计算标准可能会因工作年限的不同而有所区别。

2008 年 1 月 1 日之后开始工作的，经济补偿金均按照《中华人民共和国劳动合同法》的规定计算，计算有三个参数需要考虑，分别为本单位工作年限、本人离职前 12 个月的月平均工资数额、本地区上年度职工月平均工资数额。

如果你的月平均工资低于或等于当地上年度职工月平均工资 3 倍的，计算标准如下表所示。

本单位工作年限（T）	经济补偿金
T＜6个月	本人半个月月平均工资
6个月≤T＜1年	本人1个月月平均工资
T≥1年	每满1年，按1个月月平均工资计算；不足1年的，按照上述标准计算

如果你的月平均工资高于当地上年度职工月平均工资 3 倍的，按当地上年度职工月平均工资 3 倍支付经济补偿金，且年限最高不能超过 12 年。

依据：《中华人民共和国劳动合同法》第47条、第97条

参考判例

大伟于 2014 年 9 月 27 日入职佛山春风科技有限公司，担任副总经理，从 2015 年 1 月 1 日起担任总经理，实行年薪制，2014 年的年薪为 30 万元，2015 年的年薪为 80 万元。公司于 2015 年 3 月 31 日作出公告，主要内容为：鉴于公司管理不善、经营困难、资不抵债，现即日起宣布解散，所有相关人员工资执行佛山市最低保障标准，将于 2015 年 6 月 30 日前发放。大伟工作至 2015 年 3 月 31 日，次日起未再上班。其于 2015 年 5 月 21 日申请仲裁，请求解除与公司的劳动关系，并要求公司支付因拖欠工资等事由产生的经济补偿 45833.33 元。

法院认为，劳动者月工资高于用人单位所在直辖市、设区的市级人民政府公布的本地区上年度职工月平均工资 3 倍的，向其支付经济补偿的标准按当地上年度职工月平均工资 3 倍的数额支付，向其支付经济补偿的年限最高不超过 12 年。

本案中，由于大伟离职前的月平均工资为 45833.33 元，高于佛山市 2014 年企业在岗职工社会平均工资 4640 元 / 月的 3 倍即 13920 元，应按当地上年度职工月平均工资 3 倍的数额 13920 元为基数支付，大伟在职期间超过 6 个月不足一年，因此公司应向大伟支付经济补偿金为 13920 元。

原：广东省佛山市中级人民法院（2015）佛中法民四终字第 1394 号案

加班费是怎么计算的

我国标准工时制度下（每天工作不超过 8 小时，每周工作不超过 44 小时，常见的为上五休二）的加班计算方法如下。

工作日的加班费	≥月工资÷（月计薪天数×8小时）×加班小时×150%（即1.5倍工资）
休息日的加班费	≥月工资÷月计薪天数×加班天数×200%（即2倍工资）
法定节假日的加班费	≥月工资÷月计薪天数×加班天数×300%（即3倍工资）

不定时工作制和综合计算工时制需要办理相应审批手续方可实施。通常来说，不定时工作制因工作时间灵活多变，一般不适用加班费的规定；而综合计算工时制是按一定周期计算工时，休息日工作不视为加班，但综合计算工作时间超过法定标准工作时间的部分，需支付工资日加班费。此外，在法定节假日工作则也需按照标准工时制下的节假日加班计算加班费。

当然，如果单位与员工之间就加班费有着单独约定，只要约定的标准不低于前述法定标准，实际执行时按约定计算即可。

依据:《中华人民共和国劳动法》第44条

参考判例

大强于 2017 年 2 月 6 日至阳光公司上班，劳动合同约定劳动期限自 2017 年 2 月 6 日至 2025 年 2 月 5 日，基本工资1280 元 / 月，奖金、津贴另行计算，加班费计算基数以基本工资为标准。2021 年 3 月 2 日，大强从阳光公司离职，后因对加班费存在争议，其提出劳动仲裁申请，要求公司支付自 2017 年 2 月至 2020 年 10 月休息日加班费 48907.52 元，法定节假日加班费 21236.16 元和工作日加班费 2443.36 元等。

法院认为，阳光公司与大强在劳动合同中约定加班费计算基数为月基本工资 1280 元，而根据工资明细表记载，大强每月正常工作时间工资为 3180 元，故双方约定的加班费计算基数违反了《中华人民共和国劳动法》关于将劳动者正常工作时间工资作为加班费计算基数的法定要求，属于用人单位免除自己的法定责任、排除劳动者权利的情形，该约定内容无效。故，大强休息日加班费标准应为 292.4 元 / 天（3180÷21.75×200%）、法定节假日加班费标准应为 438.6 元 / 天（3180÷21.75×300%），大强于 2019 年 1 月至 2020 年 10 月期间休息日加班 63 天，因阳光公司未足额发放加班费，故阳光公司应补发大强休息日加班费13381.2 元［(292.4-80)×63]。大强于 2019 年 1 月至 2020年 10 月期间法定节假日加班 15.5 天，故阳光公司应补发大强法定节假日加班费 4194.3 元［(438.6-168)×15.5]。而大强主张2017 年至 2018 年期间工作日、休息日、法定节假日加班费，因未能提供证据证明加班事实的存在，故不予认定。

原：安徽省安庆市中级人民法院（2021）皖08民终4444号

我可以休多久的带薪年休假

连续工作满 1 年之后，大部分人都可以享受法定的带薪年休假，具体计算如下表所示。

累计工作时长	可休年假天数
1年≤累计工作时长＜10年	5天
10年≤累计工作时长＜20年	10天
累计工作时长≥20年	15天

累计工作时长并不要求在一家单位连续工作，即便中途跳槽到新单位，工作时间也可以合并计算。

年休假通常应在 1 个年度内休完，因特殊工作影响的，可跨 1 个年度休完。如果单位不给安排休年休假，你还可以向单位主张未休年休假的工资（即 3 倍日工资）。

以下人群不能享有带薪年休假：可休寒暑假，且寒暑假天数多于年休假天数的，常见为教师；请事假累计 20 天以上且单位不扣工资的；累计工作满 1 年不满 10 年，请病假累计 2 个月以上的；累计工作满 10 年不满 20 年，请病假累计 3 个月以上的；累计工作满 20 年以上，请病假累计 4 个月以上的。

依据：《职工带薪年休假条例》第3条、第4条，《企业职工带薪年休假实施办法》第4条

参考判例

大强于 2014 年 6 月 1 日入职好运物业公司，双方签立了为期 2 年的劳动合同，约定大强的月工资为 5000 元。劳动合同到期时，大强选择不与公司续订劳动合同。离职结算时，大强提出工作期间未休带薪年休假，故要求支付相应的补偿。公司同意向大强支付相应的补偿，但只同意向大强支付入职满一年后的未休年休假工资报酬。大强则认为，其入职好运物业公司之前，其累计工作年限已达 10 年以上，其每年应享有 10 天带薪年休假，其入职当年就应享有相应的年休假。大强向区仲裁委提出仲裁申请，要求公司支付全部工作期间的未休年休假工资报酬。

区仲裁委认为，<u>大强在入职好运物业公司之前已经具有 10 年以上的累计工作年限</u>，故大强入职公司的当年即可享受年休假，<u>无须在好运物业公司工作满 1 年后才可享受年休假</u>。区仲裁委裁决物业公司向大强支付在公司全部工作期间的带薪年休假工资报酬。

原：2017 年北京市人力资源和社会保障局发布十大劳动争议仲裁典型案例之二

劳动合同到期，被单位告知不再续订，可以要求经济补偿吗

当然可以，这是你作为劳动者的法定权利。

很多人都知道，劳动合同如果没到期就被单位无故辞退，向单位要求经济补偿理所应当。但不知道劳动合同到期不续订也可以要求经济补偿。实际上，我国目前的《中华人民共和国劳动合同法》规定，劳动合同到期，一旦出现下面几种情况，你都可以向单位要求经济补偿。

情形一：你愿意续订，但单位明确拒绝续订的；

情形二：单位愿意续订，但条件是要降低你的工资待遇或者其他工作条件，你明确拒绝续订的。

注意：如果单位愿意续订，并且表示不降低现有的工作条件（比如给你涨工资或者维持现有工资），但你明确拒绝，你再要求经济补偿将不受法律保护。

如果你的劳动合同到期，不小心被不良用人单位忽悠，你可以要求正常的经济补偿，实在不行还可以劳动仲裁，只要现行《中华人民共和国劳动合同法》的相关规定不修改，你的要求原则上法律都是支持的。

依据：《中华人民共和国劳动合同法》第44条第（一）项、第46条第（五）项

参考判例

大伟自 2015 年 12 月入职上海春风公司，劳动合同期限自 2015 年 12 月 20 日至 2020 年 12 月 19 日止，大伟的工作内容与产品质量检验员相关，工作地点为 XX 路 1245 号。2020 年 11 月 19 日，公司向大伟发出劳动合同续签通知书，告知将续签自 2020 年 12 月 20 日起的无固定期限劳动合同，其中载明大伟担任产品检验及装配工作，工作地点为 XX 路 1245 号或 XY 路 669 号。后双方未协商一致，大伟拒绝续签劳动合同，公司为大伟办理了终止日期为 2020 年 12 月 19 日的退工备案登记，退工原因为终止合同。大伟不服提出劳动仲裁，要求公司支付经济补偿金。

法院认为，关于工作岗位，根据公司人事经理与大伟的谈话录音可知，公司已明确告知大伟续签无固定期限劳动合同后其仍然从事质量检验工作，并未增加大伟的劳动负担。关于工作地点，公司已举证其因厂房租期将至，正在逐渐搬迁过程中，故增加新的工作地点，而大伟亦确认公司管理部门已搬迁的事实，故公司在续签劳动合同时增加新的工作地点，并非调整大伟的工作地点，并不属于额外增加原告劳动负担。故公司与大伟续签无固定期限劳动合同时仍属于维持或者提高劳动合同约定条件，无须支付经济补偿金。

原：上海市第一中级人民法院（2022）沪 01 民终 4837 号案

被公司"末位淘汰"，可以要求赔偿吗

要看所谓的"末位淘汰"是否满足"劳动者不能胜任工作，经过培训或者调整岗位，仍不能胜任工作"这一法定条件。

认定员工是否胜任工作往往需要结合劳动合同约定、公司规章制度以及其他相关因素综合判断，且由公司对此承担举证责任，因此在无相关证据的情况下，员工业绩考核垫底等理由并不一定代表不能胜任工作。此种情形的"末位淘汰"通常会被认定为"违法解除劳动合同"，公司应向员工支付赔偿金（经济补偿金的 2 倍）。

退一步讲，即便公司的"末位淘汰"完全满足"劳动者不能胜任工作，经过培训或者调整岗位，仍不能胜任工作"这一法定条件，公司以此辞退员工或解除双方劳动关系的，按照法律规定，公司也应向员工支付经济补偿金。

依据：《中华人民共和国劳动合同法》第40条、第46条、第48条、第87条

参考判例

大伟于 2000 年 7 月 24 日入职春风公司，工作岗位为主任工程师，工资构成为基本工资加绩效工资。2018 年，大伟的考核等级为 D。2019 年 4 月 1 日公司将其岗位调整至中级工程师，并取消绩效工资，调岗后当年大伟的考核等级为 C。2019 年 11 月 12 日，春风公司以大伟不能胜任工作为由解除与大伟的劳动关系。大伟提起劳动仲裁，要求春风公司支付违法解除劳动合同赔偿金 58 万元，以及 2019 年 4 月 1 日至 2019 年 10 月 31 日期间工资差额 2.5 万元。

法院认为，首先，涉案员工手册显示公司实行末位淘汰制，但未有明确的淘汰标准，解除涉案劳动合同缺乏制度依据。其次，根据绩效管理制度，C 档和 D 档考核结果是按员工总数 10% 的比率强制分布的，考核结果通知书仅能证明大伟 2018 年考核等级为 D，调岗后考核等级为 C，不足以证明大伟不能胜任工作，解除涉案劳动合同缺乏事实依据。综上构成违法解除劳动合同，春风公司应支付赔偿金共 55 万元。

大伟调岗后被取消绩效工资，春风公司未能提交充分证据证明该绩效工资的调整具有合理性，依法应当承担举证不能的后果。涉案调岗通知书并无大伟签名，春风公司未能证明其与大伟就此达成一致意见。故春风公司依法应向大伟支付工资差额 2.5 万元。

原：广东省深圳市中级人民法院（2020）粤 03 民终 19664 号案

单位不给签书面劳动合同，怎么办

书面劳动合同不是劳动关系成立的必要条件，只要你与用人单位事实上建立了用工关系，我国法律就会保障你相应的劳动权利。按照我国目前法律规定，单位未与劳动者签订书面劳动合同长达1年以上的，法律将默认单位与劳动者订立了无固定期限的劳动合同。

如果遭遇单位不给签书面劳动合同的情况，可做这些准备。一方面，你可以向当地劳动监察部门投诉，或者向劳动争议仲裁委员会请求劳动仲裁，要求单位与你签订书面劳动合同，尽早将你的劳动权利以书面形式固定下来，防止将来出现争议。同时，你还可以向单位主张支付1个月以上1年以内未签订劳动合同的双倍工资。另一方面，留存所有与工作相关的记录、材料，证明你与单位建立了事实上的劳动关系。此类记录和材料可以是入职通知书、考勤打卡记录、签到表、监控视频，以及与工作相关的工作材料、微信聊天截图、邮件材料、电话录音、工资条、工资转账记录、工作证、社保或公积金缴纳记录或材料、请假条、同事的证言等。一旦将来与单位发生劳动争议，前述材料将会帮助你更好地维权，避免陷入被动境地。

依据：《中华人民共和国劳动合同法》第7条、第10条、第11条、第14条第3款、第82条，《劳动和社会保障部关于确立劳动关系有关事项的通知》第1条、第2条

参考判例

2019 年 6 月 1 日，大强入职春风公司，从事游泳教练兼救生员工作。大强任职期间，双方没有签订书面合同。2019 年 7 月 16 日、2019 年 8 月 15 日，大强分别收到春风公司支付的基本工资 3065 元、2890 元，合计 5955 元。春风公司于 2019 年 7 月 20 日、2019 年 8 月 28 日向大强发放业绩提成 2378 元、18255 元，合计 20633 元。2019 年 9 月 9 日，大强填写员工辞职申请表，并办理离职交接手续。2020 年 4 月 17 日，大强因公司拖欠工资向单位所在区劳动人事争议仲裁委员会提出劳动仲裁申请，该委员会于 2020 年 4 月 24 日作出不予受理通知书。大强不服提起诉讼。

法院认为，用人单位自用工之日起与劳动者建立劳动关系，本案中，大强与春风公司均符合法律、法规规定的建立劳动关系的主体资格，双方之间虽未签订劳动合同，但春风公司招用大强从事其安排的长期固定、继续性、有报酬的劳动，同时，大强离职亦须经春风公司批准同意，表明大强隶属于春风公司，实际接受春风公司的管理，双方应视为自用工之日起建立了劳动关系。

原：福建省福州市中级人民法院（2020）闽 01 民终 7034 号案

怀孕了，单位是不是不可以辞退我

得看具体事由。

如果你正处于孕期、产期、哺乳期，按法律规定，单位不能以裁员、工作能力不够、无法胜任工作、身体原因不能从事相关工作、劳动合同因客观原因无法履行为由辞退你。如果单位强行辞退，则构成违法解除劳动合同，你可以通过劳动仲裁等方式向单位主张赔偿金（双倍补偿金标准）。

但是，如果你出现以下情况（即个人存在相应过失），法律则允许单位单方辞退。

（1）还在试用期内，且被证明不符合录用条件；

（2）严重违反了单位的规章制度；

（3）存在严重失职、营私舞弊行为，给单位造成重大损害；

（4）同时与其他单位建立劳动关系，严重影响本职工作；

（5）是以欺诈、胁迫等手段使单位违背真实意愿与你签订劳动合同，比如隐瞒或修改与工作相关的资质证明等；

（6）被追究了刑事责任。

当然，单位若想单方合法辞退你，需对你是否存在相应过失进行举证，否则，其仍会构成违法解除。

依据：《中华人民共和国劳动合同法》第39条、第40条、第41条、第42条、第87条

参考判例

　　小佳系阳光外贸公司女员工，于 2014 年 3 月入职，双方订立了为期 3 年的劳动合同。2016 年 11 月，小佳生产一子后回外地老家休产假，产假期满后因身体不适，又向公司申请休病假 1 个月，并出具了医院的诊断证明。病假期满后小佳仍感身体不适，再次打电话向公司请事假继续在家休息调养，公司同意小佳休 1 个月的事假。休完事假后，小佳未回公司报到，亦未继续请事假或病假，公司主动与小佳联系，发现小佳的手机不是关机就是无人接听。近两周后，公司向小佳在老家的住址寄送了返岗通知书，要求其在收到返岗通知书后一周内到公司报到上班。在超过公司指定的报到时间 3 天后，小佳回到了公司报到。次日，公司决定以连续旷工超过 3 天以上、严重违反用人单位规章制度为由与小佳解除劳动合同。小佳认为自己处于三期，应当受到特别保护，公司的解除行为违法，遂申请劳动仲裁，要求支付违法解除劳动合同赔偿金。

　　仲裁委认为，小佳休完事假后继续在家休养，未履行请事假手续，也非休病假，应认定为旷工多日，严重违反了公司规章制度，故裁决驳回了小佳的仲裁请求。

原：2017 年北京市人力资源和社会保障局发布十大劳动争议仲裁典型案例之四

单位不给缴纳社保，怎么办

单位为已经建立劳动关系的员工缴纳社会保险（即养老、工伤、失业、医疗保险，生育险已于 2019 年并入医疗保险）是法律规定的强制性义务，即便员工主动放弃缴纳，单位的义务也不能免除。如果你刚好碰到单位不给缴纳社保或缴纳社保不足额，下述方法可以帮助你更好维权。

你可以向单位所在地劳动保障部门（一般为劳动局）或社保征收单位（可能是社保局或税务局）投诉，单位未缴纳社保的情况若属实，前述机关会责令单位限期缴纳或补足，单位如果拒不补缴，还会面临被查询、扣划存款账户、被罚款等处罚。

如果单位未缴纳社保且不能再补办的，你因此享受不了社保待遇时，还可以向当地劳动仲裁委员会申请劳动仲裁，向单位主张赔偿相应损失。

此外，你还可以选择与单位解除劳动关系，并以"单位未缴纳社保为由"向单位要求支付经济补偿金。

依据：《中华人民共和国劳动法》第72条，《中华人民共和国社会保险法》第58条第1款、第63条、第84条、第86条，《中华人民共和国劳动合同法》第38条、第46条，《最高人民法院关于审理劳动争议案件适用法律问题的解释（一）》第1条

参考判例

大伟自 2000 年 8 月起至 2013 年 3 月 31 日期间在夏雨公司工作。2010 年 9 月至 2013 年 3 月，夏雨公司未为大伟缴纳社会保险。省社保中心根据大伟的申请，经核查发现夏雨公司存在漏缴社会保险费问题后，2017 年 9 月 25 日作出限期申报补缴社会保险费通知书，要求夏雨公司办理社会保险费补缴申报；2017 年 11 月 17 日省社保中心又作出补缴社会保险费核定结果告知书并送达夏雨公司，告知其应为大伟补缴社会保险费共计 53002.90 元，要求夏雨公司于 2017 年 12 月 15 日至 25 日到省社保费征收机构足额缴纳。

原：最高人民法院（2020）最高法行再 508 号案

单位跟我说社保要等转正后才能缴纳，这合法吗

不合法。

我国法律规定，用人单位应在员工入职后 1 个月内为其办理社会保险登记，此系单位的法定义务。因此，用人单位等转正后才给你办社保已经违反了法律强制性规定。

碰到此类情况，如果你想在单位继续工作，可以向当地劳动监察部门投诉，劳动监察部门收到投诉后会责令单位为你补办、补缴社保；如果你不想在该单位继续工作，无须提前 30 天通知，也可以以未缴纳社保为由立即解除与单位的劳动关系。此外，你还可以向单位主张经济补偿金。

依据：《中华人民共和国社会保险法》第58条

参考判例

2011 年 1 月 1 日，大浩与阳光公司签订了为期 5 年的书面劳动合同。大浩在公司工作后，公司安排大浩到相关培训机构培训，并支付了 2 万元的培训费用。双方还自愿签订了培训协议，约定了服务期为 5 年。2012 年 12 月大浩以公司未为其缴纳社会保险费为由向用人单位提出辞职，也没有按照培训协议的约定赔偿公司剩余服务期费用。经查明，大浩在公司工作期间，公司没有为其缴纳各项社会保险费，且大浩曾多次要求公司为其缴纳未果。后公司提起仲裁申请，请求大浩支付其剩余服务期的培训费用 12000 元。

仲裁委认为，虽然公司与大浩签订了劳动合同和培训协议，但公司并没有按照法律规定和劳动合同的约定为大浩缴纳各项社会保险费。据此，劳动者有权提出解除劳动合同。《中华人民共和国劳动合同法实施条例》第 26 条规定，用人单位与劳动者约定了服务期，劳动者依照劳动合同法第 38 条的规定解除劳动合同的，不属于违反服务期的约定，用人单位不得要求劳动者支付违约金。因此，本案公司属违法在先，不能依照用工后签订的培训协议来强行约束大浩，仲裁委最终驳回公司的仲裁请求。

原：山东省人力资源和社会保障厅、山东省劳动人事争议仲裁委员会联合发布 2015 年度全省劳动人事争议典型案例之二

实习生受不受劳动法保护

这个要视具体情况而定。

如果在校生是利用课余时间以及寒暑假勤工助学，或者是为了完成学校要求的实习课程，此类实习通常不以就业为目的，不具有持续性，并且在校生实际上仍然以学业为主，即便实习能获得一定报酬，一般也不会被认定与用人单位存在劳动关系。虽然此类实习不受劳动法保护，但是仍可成立其他民事法律关系，比如劳务关系或其他合同关系，若产生纠纷，实习生可主张相应权益。

但是，如果在校生已经完成或基本完成学习任务，以就业为目的而进行实习，持续提供劳动或交付工作成果，而所在单位也按公司规章制度对其进行管理并支付相应报酬，此类实习则很有可能因符合劳动关系的本质特征而被认定构成劳动关系，从而受到劳动法保护。

依据：劳动部关于印发《关于贯彻执行〈中华人民共和国劳动法〉若干问题的意见》的通知第12条

参考判例

小林于 2008 年 9 月至 2012 年 7 月在北京市某学校学习。2012 年 3 月 20 日，年满十八周岁的小林入职秋云商贸公司，任手表专柜导购，工作时间为上一天班休息一天。2012 年 7 月 10 日，小林自学校毕业后继续在秋云公司工作。

2013 年 6 月 1 日，小林因脚扭伤请假一天。次日，公司的店长发短信让小林办理离职。后小林起诉要求确认双方在 2012 年 3 月 20 日至 2013 年 6 月 2 日存在劳动关系，并要求公司给付未签订劳动合同双倍工资、违法解除劳动合同赔偿金。诉讼中，秋云公司主张，小林在校期间系学生身份，其勤工助学行为应属劳务关系而非劳动关系。

法院认为，小林规律性地在秋云公司上班一天休息一天，规律性地按月领取工资长达一年多，秋云公司对小林进行人身、组织属性的管理，这一切均符合认定劳动关系的条件。对小林提出的诉讼请求，依法予以支持。

原：北京市西城区法院发布"纵深化劳动者权益保护"典型案例之十

单位跟我签了5年的竞业限制协议，我们双方要怎么履行

我国现行法律规定，用人单位与劳动者约定离职后的竞业限制期限不能超过2年，因此，如果你与单位签了2年以上的竞业限制协议或相关条款，只需遵守2年即可。

单位通常会在竞业限制协议中与员工具体约定相关义务和权利，包括如何支付经济补偿，支付多少经济补偿。

如果员工按竞业限制协议履行了相关义务，但单位并未向你支付任何补偿或者竞业协议中并未约定补偿，员工可以通过劳动仲裁向单位主张经济补偿。有约定的，经济补偿按约定计算；无约定的，经济补偿按员工离职前12个月平均工资的30%数额乘以竞业限制月数计算。裁判生效后单位即应按裁判内容履行支付，否则员工可以向法院申请强制执行。

但是，如果员工根本没有按协议约定履行竞业限制义务，那么向单位主张经济补偿将没有事实依据，单位则有可能会向员工主张违反协议的违约责任。

依据:《中华人民共和国劳动合同法》第24条、《最高人民法院关于审理劳动争议案件适用法律问题的解释（一）》第36条

参考判例

大壮入职春风置业公司，工作岗位为业务员，工作职责是房屋信息咨询服务。大壮签订的员工协议约定，劳动关系终止后，员工5年内不得在某区域内的同行任职、不得在某区域内经营与本单位同一性质的行业，并约定竞业限制违约金为10万元。大壮从春风置业公司离职后，公司向大壮支付了三笔竞业限制补偿金，合计6万多元。离职不到1年，大壮先后作为经营者成立夏雨公司，经营范围为提供房屋咨询服务，作为法定代表人成立秋云公司，经营范围为销售商品房、房地产中介服务等。春风置业公司申请劳动仲裁，要求大壮向其支付竞业限制违约金10万元。

法院认为，本案中，用人单位与劳动者协议约定竞业限制期限为5年，虽然违反《中华人民共和国劳动合同法》关于竞业限制最长2年的规定，但该竞业限制协议在2年期限内仍然有效。当今社会倡导诚实守信，当事人签订竞业限制协议后，在竞业限制期限内用人单位应当按照协议约定按月给予劳动者经济补偿，劳动者应当忠实履行保守用人单位的商业秘密与知识产权相关的保密事项的义务，共同恪守契约的法律精神，大壮显然已违反协议约定，春风置业公司的诉请于法有据，予以支持。

原：江门市劳动人事争议仲裁委员会和江门市中级人民法院联合发布2018年度劳动人事争议十大典型案例之八

单位给我签的劳动合同试用期是8个月，这合法吗

不合法。

我们现行的《中华人民共和国劳动合同法》明确规定，劳动合同约定最长的试用期不能超过 6 个月，并且试用期还会因劳动合同期限的不同而有着不同的上限，具体如下表所示。

劳动合同期限（T）	试用期期限（S）
T＜3个月	不能约定试用期
3个月≤T＜1年	0≤S≤1个月
1年≤T＜3年	0≤S≤2个月
3年≤T	0≤S≤6个月
无固定期限劳动合同	

除此之外，如果你与单位签订的劳动合同是以完成相应工作任务为期限的，比如以项目完成为劳动合同截止期限，此类劳动合同也不能约定试用期。

因此，如果单位以需长期考察你的工作能力或工作内容较为复杂为由，随意延长你的试用期，你应当及时向单位提出异议，或者向当地劳动监察部门投诉。如果超出的试用期已经履行了，你还可以通过劳动仲裁等方式向单位主张超出期间的赔偿金，该赔偿金标准＝转正后的月工资 × 超出月份数。

依据：《中华人民共和国劳动合同法》第19条、第83条

参考判例

大强于 2020 年 5 月 27 日入职阳光公司，岗位是高级软件工程师，双方于 2020 年 6 月 1 日签订劳动合同书，约定合同于 2020 年 6 月 1 日生效，于 2021 年 12 月 31 日终止，其中试用期至 2020 年 8 月 31 日止。大强工资每月 19000 元，试用期期间和转正后未作区分。后双方发生劳动争议，大强于 2021 年 1 月 19 日向区劳动人事争议仲裁委员会提出仲裁申请，申请阳光公司支付超过法定试用期 2020 年 7 月 27 日至 2020 年 8 月 31 日期间赔偿金 23367.5 元。

法院认为，双方劳动合同期限为 1 年 6 个月，大强于 2020 年 5 月 27 日入职，双方劳动合同约定试用期至 2020 年 8 月 31 日止，试用期超过 2 个月且已履行，虽然大强试用期和转正后工资标准一致，但《中华人民共和国劳动合同法》关于试用期的规定属于强制性规定，相关法律责任规定亦是为了防止用人单位滥用试用期损害劳动者权益而规定的惩罚性赔偿，该赔偿金的性质并非弥补劳动者的损失，故无须以劳动者权益受损为前提。故阳光公司应就超过 2 个月部分的试用期向大强支付赔偿金，经核算，大强要求阳光公司支付 23367.5 元赔偿金不高于法定标准，应予支持。

原：北京市高级人民法院（2022）京民申 4158 号案

单位突然通知我调岗降薪，我没同意并主动离职，能向单位要经济补偿吗

可以。

单位支付经济补偿并不限于单位主动提出解除劳动关系的情形，在特定情况下，如果员工因单位违反劳动合同约定或法律规定而被迫提出离职的，也可以向单位主张经济补偿。

单位临时通知调岗降薪，需有充分证据证明其调岗降薪合理合法（比如通过了民主公示程序，合同或规章制度有相关约定、规定等），否则，调岗降薪相当于降低了此前所确定的工资、变更了此前已确定的工作岗位，属于《中华人民共和国劳动合同法》所规定的"未按照劳动合同约定提供劳动保护或者劳动条件"的情形，此种情形下劳动者提出离职，法律规定单位需向劳动者支付经济补偿。

此外，你还可以向单位主张赔偿金（经济补偿金的2倍），只不过在仲裁或诉讼中，如果支持了赔偿金，一般很难再支持补偿金。

依据：《中华人民共和国劳动合同法》第38条、第46条，《最高人民法院关于审理劳动争议案件适用法律问题的解释（一）》第45条

参考判例

大磊于 2010 年 7 月入职天津阳光置业公司，2020 年 12 月 17 日大磊以公司违反规定调岗、大幅降薪为由，向公司邮寄解除劳动合同通知书，当天公司回复大磊对解除理由不认可，认为企业享有经营自主权并有权依据新绩效考核办法对大磊进行岗位、薪资结构调整，大磊拒绝在新考核办法上签字，公司对大磊处以停职，同时公司出具劳动者向用人单位提出辞职的解除劳动合同通知书，并办理了退工手续。后大磊向天津市某区劳动人事争议仲裁委员会申请仲裁，要求公司支付未支付的工资差额、经济补偿金等。

法院认为，依照《中华人民共和国劳动合同法》第 4 条规定，用人单位在制定、修改或者决定有关劳动报酬、工作时间、休息休假、劳动安全卫生、保险福利、职工培训、劳动纪律以及劳动定额管理等直接涉及劳动者切身利益的规章制度或者重大事项时，应当经职工代表大会或者全体职工讨论，提出方案和意见，与工会或者职工代表平等协商确定。在规章制度和重大事项决定实施过程中，工会或者职工认为不适当的，有权向用人单位提出，通过协商予以修改完善。故公司制定新绩效考核办法属于涉及劳动者切身利益的规章制度，应经全体职工讨论等协商程序，职工有权向单位提出意见，现公司未履行相关程序，且以大磊拒绝在新考核办法上签字为由对其停职处理、降低工资报酬，不符合法律规定，故公司应向大磊支付经济补偿金。

原：天津市第二中级人民法院（2021）津 02 民终 6545 号案

打劳动仲裁官司，有时间限制吗

有。所谓的时间限制在法律上被称作"仲裁时效"，绝大部分劳动争议都需要在你知道（应当知道）权利被侵害之日起1年内申请仲裁。

但如果是因为拖欠劳动报酬产生争议的，只要你尚未离职，即便超过1年时间，也可以申请劳动仲裁。如果你已经离职，则依然必须在离职后1年内主张。各地对拖欠劳动报酬的界定并不完全相同，部分省市规定"劳动报酬"只能是常规工资，而部分省市规定"劳动报酬"可能包括加班费、未休年休假工资。

当然，如果出现特定情形，仲裁时效也是可以重新起算（即时效中断）或者暂时中止计算期间（即时效中止）。时效中断情形一般包括，你向对方主张过权利，对方同意履行相关义务，或者你曾向劳动保障部门或其他部门请求过保护等。比如，你于今年1月1日离职，按正常期间计算，仲裁时效应计算到明年1月1日前，如果在今年6月1日出现时效中断情形的，那么你的仲裁时效从6月1日重新计算，直至明年6月1日；而时效中止则往往是因不可抗力产生的，比如自然灾害等原因导致你不能及时主张的，则此段时间可以刨除掉，不计入时效期间。

依据：《中华人民共和国劳动争议调解仲裁法》第27条

参考判例

大浩于 2016 年 7 月入职好运建筑公司，2019 年 2 月离职。工作期间，大浩存在加班情形，但好运公司未支付其加班费。2019 年 12 月，大浩向劳动人事争议仲裁委员会申请仲裁，请求裁决好运公司依法支付其加班费，好运公司以大浩的请求超过仲裁时效为由抗辩。大浩不服仲裁裁决，诉至法院。

法院认为，仲裁时效分为普通仲裁时效和特别仲裁时效，在劳动关系存续期间因拖欠劳动报酬发生劳动争议的，应当适用特别仲裁时效，即劳动关系存续期间的拖欠劳动报酬仲裁时效不受"知道或者应当知道权利被侵害之日起一年"的限制。加班费属于劳动报酬，相关争议处理应当适用特别仲裁时效。

本案中，大浩与好运公司的劳动合同于 2019 年 2 月解除，其支付加班费的请求应自劳动合同解除之日起 1 年内提出，大浩于 2019 年 12 月提出仲裁申请，其请求并未超过仲裁时效。根据工资表上的考勤记录，法院认定大浩存在加班的事实，判决好运公司支付大浩加班费。

原：最高人民法院2021年劳动人事争议典型案例（第二批）之十

怎么申请工伤认定

工伤认定申请通常由用人单位向当地社保局提出申请，申请的时间必须是在事故伤害发生之日或者被诊断、鉴定为职业病之日起 30 天内。

如果单位不主动提出申请，本人或近亲属还可以在事故伤害发生之日或者被诊断、鉴定为职业病之日起 1 年内向当地社保局提出申请。

申请工伤认定需要提交的材料主要包括：工伤认定申请表（可根据当地社保局制式模板填写）、本人身份证明、本人与用人单位存在劳动关系的证明材料（如劳动合同、社保记录、工资发放记录等）、医院诊断证明及相关材料，以及当地社保局要求的其他材料，具体材料建议提前咨询当地社保部门。

提出工伤认定申请后，社保局一般会在 15 天至 2 个月内作出是否认定为工伤的决定。如果对社保局的决定不服，还可以向上一级部门申请行政复议或者直接向法院提起行政诉讼，以确保自身权利。

依据：《工伤保险条例》第17条、第18条，《工伤认定办法》第23条

参考判例

大磊在 2018 年 5 月 8 日发生人身伤害事故，后于 2019 年向当地县人社局提交了工伤事故报告，并提出了工伤认定申请，请求认定工伤。当地县人社局认为，大磊未在工伤发生后 1 年期限内提交认定申请，对其作出不予受理的决定，后大磊诉至法院。

法院认为，大磊发生事故时间为 2018 年 5 月 8 日，但其申请填报日期为 2019 年 12 月 2 日，大磊也没有提交证据证明其在法律规定的申请工伤认定期限内向县人社局提出工伤认定申请，或者存在法律规定的不属于职工或者其近亲属自身原因超过工伤认定申请期限的情形，故大磊的工伤认定申请已超过申请期限。县人社局经审查后以超过申请期限为由，作出认定工伤不予受理决定，认定事实清楚，适用法律正确，程序合法。大磊主张其已于 2018 年 12 月 2 日提出过工伤认定申请，但其提供的证据并不足以支持该主张。

原：河南省高级人民法院（2021）豫行申 598 号案

单位组织团建，意外受伤，能认定工伤吗

需要考虑团建是否与工作有直接或实质联系，团建参与是否具有强制性等因素。

如果单位团建主要以业务培训、工作会议或工作汇报为主，因其包含与工作直接相关的内容，活动具有一定的强制性，如果在此类团建中意外受伤，被认定工伤的概率较大，常见的有年会、员工素质拓展训练、项目调研等。

如果单位团建属于"纯玩性质"且自愿参与的旅游活动，因活动内容与工作无关，系休闲娱乐，且活动不具有强制性，其被认定工伤的概率较小。但是，近年来已有部分法院认为此类活动仍属于工作内容的延伸，将其认定为工伤。

此外，在单位团建中，员工在单位组织的活动或行程以外的自由时间或自费项目中受伤，因单位在此类活动中对员工基本不具有管控力，其被认定工伤的概率也较小。

依据：《工伤保险条例》第14—16条、《人力资源和社会保障部关于执行〈工伤保险条例〉若干问题的意见（二）》第4条

参考判例

阳光公司组织员工团建，当晚仅有公司组织茶话会和集体赴海滩放礼花的活动安排。大壮与公司总经理大辉在放礼花活动结束后下海游泳不慎溺亡。大壮亲属向公司申请工伤认定未果，遂诉至法院。

法院认为，首先，涉案8月3日、4日公司团建活动日程安排中仅有事发当晚公司组织茶话会和集体赴海滩放礼花的活动安排，并无公司当晚统一组织下海游泳的内容。其次，大壮与大辉下海游泳系发生在当晚公司组织集体赴海滩放礼花活动结束之后，而公司当晚组织安排集体赴海滩放礼花的事实，并不意味着当晚大壮参与或实施的所有活动均属于公司组织。最后，事发当晚大壮参与的下海游泳活动，仅是其与大辉私人之间的活动，现有证据不足以证明该游泳活动系公司统一组织。大辉系公司总经理的事实，亦不足以认定大辉与大壮私人之间约定当晚下海游泳属于公司统一组织的活动。故关于大壮死亡情形给予认定工伤的主张不能成立。

原：广东省深圳市中级人民法院（2020）粤03行终570号案

在上下班路上因车祸受伤，能认定工伤吗

只有同时满足以下两个条件，才能被认定为工伤。

其一，上下班应在合理时间、合理路线上。合理时间是指工作地与居住地之间所花费的符合常理的时间；合理路线则是指往返于工作地与居住地（包括自己、配偶、父母、子女的居住地）符合常理的路线。司法实践中对合理时间、合理路线的认定往往需要结合各种因素进行个案判断。比如，突发事件、交通堵塞、天气恶劣等原因绕道而造成的相应延长时间一般可视为合理时间；在下班路上接送小孩或到菜市场买菜所增加的路线，属于为上下班目的而从事的与日常工作生活所必需的活动，一般也会被认定为合理路线。但是，如果往返于不确定、非经常性的地点途中（如下班后朋友聚会），往往会被认定与本职工作生活无必然联系，从而不被认定为合理路线。

其二，车祸事故必须是"非本人主要责任"，比如是在遵守交通规则的情况下被不遵守规则的车主撞伤，该责任认定一般以交警出具的事故责任书为依据；或者在乘坐公共交通工具时发生事故的，一般都能认定工伤。但如果事故是自己开车故意撞人导致，或者被交警认定对交通事故的发生负主要责任或与对方负有同等责任的情况时，不能认定为工伤。

依据：《工伤保险条例》第14条、《最高人民法院关于审理工伤保险行政案件若干问题的规定》第6条

参考判例

　　大磊系重庆好运公司员工，家庭住址在重庆江北区，工作日期间居住于公司提供的在万州区的宿舍。2018 年 4 月 5 日至 7 日为清明节，公司放假 3 天，4 月 8 日正常上下班。4 月 7 日 18 时许，大磊从重庆江北区的家中出发，返回公司所在地万州区。途中发生交通事故，大磊受伤，交警认定此次交通事故由对方驾驶人承担全部责任。4 月 28 日，好运公司就大磊此次受伤事宜向万州区人社局申请工伤认定，万州区人社局认为大磊于 4 月 7 日前往万州是为了休息，而不是上班，不属于上班途中，不予认定为工伤，且在大磊提出行政复议后仍未认定工伤。大磊向法院提起行政诉讼。

　　法院认为，根据大磊提供的工伤认定调查笔录、道路交通事故认定书等证据，以及各方当事人的陈述，能够认定大磊在此次交通事故中不承担事故责任的事实。上述证据还可以证明大磊是为了 4 月 8 日能准时上班而提前于 4 月 7 日 18 时许从距离万州 280 余公里的家中出发前往公司。虽然事发当日不是上班时间，但因大磊属于异地工作，居家与工作地相距较远，放假回家后提前一天返回职工宿舍，也是为了第二天能够正常上班，符合其平时的惯常往返方式，也符合常理。因此，大磊发生事故的时间和路线符合以"上下班为目的"的基本条件，具有正当性和合理性，应当认定其发生交通事故时处于上班的合理时间。因此，大磊受伤应当认定为工伤。

原：重庆市第一中级人民法院（2019）渝 01 行终 310 号案

因工伤丧失了部分劳动能力，单位以我不能胜任工作为由辞退我，该怎么办

员工在自身没有法定过错（如被追究刑事责任、严重违反规章制度、严重失职等）的情况下，用人单位不能单方解除与员工的劳动合同，否则将构成违法解除，而员工因工伤丧失或部分丧失劳动能力并不属于前述法定过错，因此单位也不能以不能胜任工作为由辞退员工。如果遇到此种情况，员工可以选择如下两种方案。

其一，申请劳动仲裁，要求单位继续履行劳动合同。因单位解除劳动合同违反了法律规定，只要你的证据充分，仲裁机关通常都会按照你的申请予以支持，只不过在实际中，员工选择继续履行劳动合同仍可能会面临单位各种刁难。

其二，申请劳动仲裁，要求单位支付违法解除劳动合同的经济赔偿金。此处的经济赔偿不同于经济补偿，其是对单位违法解除劳动合同的惩罚性措施，故而经济赔偿金是按照经济补偿金的 2 倍进行计算。

依据:《中华人民共和国劳动合同法》第42条、第48条

参考判例

大强系春风公司员工，某日下班途中被机动车撞伤，经医院诊断为右尾指近节指骨骨折，春风公司确认大强工伤认定。后春风公司向大强发出通知书，以"劳动合同订立时所依据的客观情况发生重大变化，您原工作部门的工作量无法满足现有人力资源配置，致使您的劳动合同无法履行，经我司与你协商，工伤情况未能达成协议"为由，与大强解除劳动关系。解除劳动关系前12个月大强月平均工资为4126.98元。2019年3月21日，大强收到春风公司支付的经济补偿金59841.5元及相应工资。

2019年5月7日，广州市劳动能力鉴定委员会鉴定大强劳动功能障碍程度十级。大强认为春风公司单方解除与其的劳动合同是违法的，为此提起仲裁要求支付经济赔偿。

法院认为，大强在春风公司工作期间受伤已被认定为工伤，经劳动能力鉴定为劳动功能障碍程度十级。根据《中华人民共和国劳动合同法》第42条，春风公司解除与大强的劳动关系违法，公司应向大强支付违法解除劳动合同的赔偿金共计119683元。因春风公司已向大强支付解除劳动合同经济补偿金59841.5元，故大强主张违法解除劳动合同赔偿金59841.5元，符合法律规定，法院予以支持。

原：广东省高级人民法院（2020）粤民申6550号案

附录一　法律维权过程中的常见误区

误区一：认为维权没有时间限制，自己想主张随时可以主张

正解：权利是有"保质期"的，过期真的会作废。

我国法律规定了诉讼时效制度，即向法院请求保护民事权利的诉讼时效期间为 3 年。如果去法院起诉前没有主张权利的时间已经超过 3 年，则被告将依法获得时效抗辩权，到时候只要被告主张该时效抗辩权，原告必然败诉。生活中很多人都没有诉讼时效的概念，虽然权利被侵犯，但基于各种各样的原因长期搁置并未主张，直到某天想要维权的时候，方才被告知诉讼时效已过，悔恨不已。

因此，要积极主张自己的权利，即便基于各种考量决定暂时先不起诉，也要通过电话、短信、微信、函件等方式积极向对方主张自己的权利，从而实现诉讼时效中断的效果（中断后从中断之日起重新起算 3 年诉讼时效），为未来依法维权保留时效上的可能性。此外，如果哪一天下定维权决心时发现可能已超时效，也不必全然绝望，尽快联系律师对既往事实进行系统分析，如果存在被告主动承认等其他可以引起诉讼时效中断的事由，或者存在诉讼时效中止的事由（法律规定在特殊情形下时效停止计算），或者案件属于不适用诉讼时效的特殊情形等，那么就还有维权的机会。

误区二：认为法律维权只有去法院打官司这一种方式

正解：除了去法院起诉这一种常见的方式外，法律维权存在和解、调解、仲裁、行政投诉、检察院公诉等多种方式（见图常见维权路径）。

不同类型的案件维权方式是存在明显差异的：劳动纠纷通常需要当地人力资源和社会保障局下属的劳动人事争议仲裁院进行前置仲裁，不经过仲裁不能直接去法院起诉。如果争议合同中存在仲裁条款，就排除了法院管辖的可能，发生纠纷时只能去约定的仲裁机构（如北京仲裁委员会等）。消费类纠纷除了去法院起诉外，还可以向消费者保护协会投诉，向市场监管机关举报。如果被告涉及刑事犯罪，当事人或者家属还可以向公安机关报案，请求立案侦查后由检察院提起公诉，当事人的合法权益可以通过刑事附带民事诉讼的方式加以主张。

因此，在启动维权前建议和律师沟通，根据纠纷的类型和实际情况确定采取何种维权方式，或者组合多种维权方式有序展开。

误区三：认为只要还没到要打官司那一步，先不用请律师

正解：这样做既会错过提前采取措施防患纠纷于未然的第一次机会，又会错过及早取得并固定证据的第二次机会，最后只得仓促应对，使成本大大增加，胜诉的可能性大大降低。

对于法律事务的处置，律师介入的越早，效果越好，成本越低。"上医治未病，中医治欲病，下医治已病"，在这一点上，律师处理法律事务和医生治疗疾病颇有异曲同工之妙，譬如签署一个合同，最佳方案是律师从合同开始拟定的时候就介入，将双方的权利义务通过合同条款进行精准明确的界定，排除所有模棱两可产生歧义的可能，从源头避免争议的产生。次一等方案是发觉可能需要诉讼的时候，及时联系律师对案件事实提前进行细致梳理，并在专业指导下对相关证据加以调取和固定。真等到自己发现官司已经不得不打或者对方的起诉状已经送上门时，其实早已延误先机，届时相关事实缺乏足够时间理清，相关证据亦可能灭失或短时间内难以取得，局面将十分被动。

因此，在作出重大决策（比如签署重要协议）的关口，建议提前充分征询律师的意见。对于预感可能发生纠纷的事务，尽可能早地和律师沟通，不要等到官司真打起来的那一刻。

误区四：案子我占理，法官肯定会判我赢

正解：如果占的这个理没法拿出证据加以证明，案子也会输。

俗话说得好，"打官司就是打证据"，无论客观真实层面谁有理谁没理，到了法庭上，法官裁判的依据只能是由证据证明了的法律真实。如果缺乏足够的证据，再好的律师也难为无米之炊，再公正的法官也难以判你胜诉。与此同时，在证据已经既定的情况下，打官司就是给双方一个公开的平台，围绕这些证据在法律规则范围内展开博弈，法官居中裁度，这就意味着

对于证据规则的深度理解和灵活运用（哪些证据应该提交，哪些证据不应该提交，如何质疑对方的证据的证明效力，如何从对方的证据中寻找对我方有利的点，何时向法院申请调取哪些证据等）也在很大程度上影响案件的胜败，而这些正是一名律师的核心本领。

因此，即便你觉得自己完全占理，在庭审前也需要和律师充分沟通，对你的主张在证据层面得到法官支持的真正可能性做到心里有数。

误区五：认为拿到胜诉判决就大功告成了

正解：胜诉判决最终得到有效执行才是真正的功德圆满。

经过一审和二审，终于获得胜诉的终审判决，只能说是阶段性的胜利，并不是维权的终点。此后，如果被告自觉履行判决规定的义务，当然皆大欢喜。但是，被告也完全可能不配合，这就需要进入下一个阶段，向法院申请进行强制执行。

因此，一方面，从起诉时就需要联系律师申请对被告相关财产进行保全（查封名下房产和银行账户、扣押名下汽车等），这样拿到胜诉判决后，如果被告不主动履行判决导致进入强制执行程序，届时可以通过直接划转被告账户资金、拍卖变卖被告名下资产的方式实现判决的执行，防止被告在诉讼过程中转移资产导致最终执行困难；另一方面，进入强制执行阶段后，积极提供线索配合律师对被告名下财产进行穷尽检索，尽最大可能实现胜诉判决的执行到位。

误区六：对于必然败诉的官司消极应对

正解：即便最终案件必然败诉，也应积极应对，尽可能降低损失从某种程度上来说对己方也是胜利。

对于肯定败诉的案子，很多人直接就选择躺平了，既不提交证据，也不参加开庭，随便法院怎么判，殊不知这样法院也可以缺席审判，判决结果依然有效，而相应的结果将对自己更为不利。

因此，即便无法推翻对方的核心诉求，也应该积极检视对方其他诉求的合法性以及是否有证据支持。如案件条件具有可能，应当争取与对方达成私下和解或者在法院主持下实现调解，用我方承认并配合履行对方核心诉求换取对方在次要诉求上作出让步，从而把损失降到最低。

附录二 常见维权路径

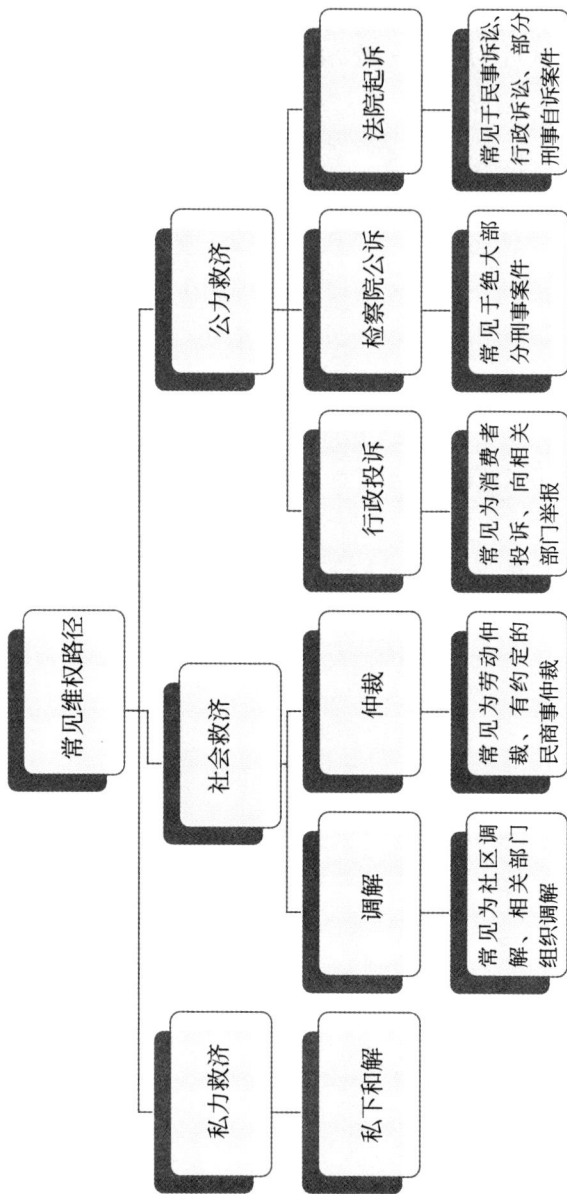

```
                          常见维权路径
                              │
        ┌─────────────────────┼─────────────────────┐
      公力救济              社会救济              私力救济
        │                     │                     │
  ┌─────┼─────┐         ┌─────┼─────┐         ┌─────┘
法院起诉 检察院公诉 行政投诉  仲裁    调解            私下和解
  │      │      │        │      │
常见于  常见于  常见为   常见为  常见为
民事诉讼, 绝大部  消费者   劳动仲  社区调
行政诉讼, 分刑事  向相关   裁、有  解、相
部分     案件    部门举报  约定的  关部门
刑事自诉           民商事仲 组织调解
案件              裁
```

228

附录三 民事诉讼基本流程

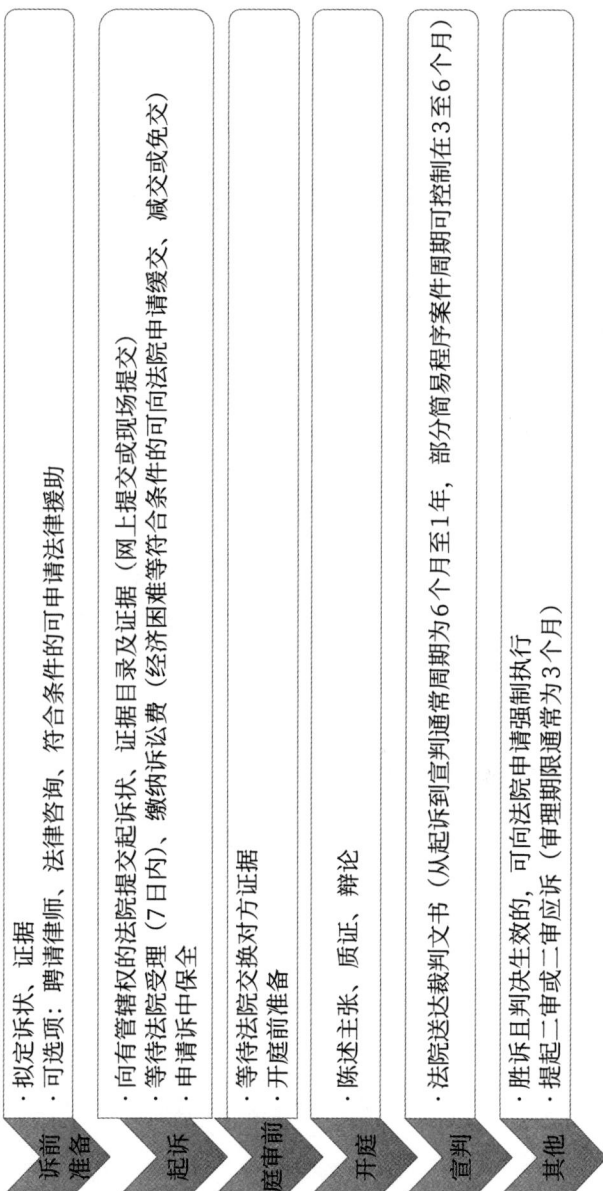

诉前准备
- 拟定诉状、证据
- 可选项：聘请律师、法律咨询、符合条件的可申请法律援助

起诉
- 向有管辖权的法院提交起诉状、证据目录及证据（网上提交或现场提交）
- 等待法院受理（7日内）、缴纳诉讼费（经济困难等符合条件的可向法院申请缓交、减交或免交）
- 申请诉中保全

庭审前准备
- 等待法院交换对方证据
- 开庭前准备

开庭
- 陈述主张、质证、辩论

宣判
- 法院送达裁判文书（从起诉到宣判通常周期为6个月至1年，部分简易程序案件周期可控制在3至6个月）

其他
- 胜诉且判决生效的，可向法院申请强制执行
- 提起二审或二审应诉（审理期限通常为3个月）

附录四　见律师前的五项准备

一、梳理案情，制作时间线表

在与律师面谈前，建议将案件的前后经过按照时间顺序进行梳理，列明每一个时间点发生的事件、事件发生的地点、涉及的主体及发生的背景原因，制作时间线表（见案情时间线表示例）。在与律师面对面陈述案情的时候，再对照着这个表格一项一项展开。这样既可以提示自己在讲述的时候不遗漏任何细节，也便于律师在最短的时间内把握案件的来龙去脉，抓住案件的核心争议点。

案情时间线表示例

序号	发生时间	发生地点	涉及主体	事件经过	为何发生
1	20××年×月×日	×市×小区×栋606室（大伟家）	大伟、大浩	签署了××协议	双方达成一致合作经营某业务
2	20××年×月×日	Y酒店308室	大伟、大浩、大磊	签署了××协议补充协议	双方同意大磊加入该合作
…	……	……	……	……	……

二、固定证据，做初步整理

在做好时间线表后，下一步就是对照表格把目前手头掌握的相关证据进行初步整理。方法是对照每一个时间点发生的事件，梳理目前有哪些材料可以对其发生加以证明。签署的协议、短信、支付宝转账记录、往来函件、相关票据权证等都可能成为开庭时需要提交的证据。对已有的证据梳理完后应妥善保管避免遗失损毁，尤其是电子数据类证据，一定要防止误删并保留在原始载体中（比如微信聊天记录就需保留在手机中）。见律师时把整理好的证据带去，方便律师在审阅相关材料过程中进一步加深对案件的了解。

三、预约时间，勿径直前往

通常律师的时间观念都很强，日程也一般会提前安排好。律师常见的工作包括开庭、调查取证、会见当事人、参与讲座培训等，其中相当部分是外勤，甚至需要去外省市出差。如果没有预约好时间就径直前往律师事务所，很可能会扑空。因此见律师之前请务必和其约好时间，这样律师会预留出足够的时间与你进行充分地交流。提前预约，并准时赴约，这既是对律师的尊重，也节约了自己的时间。

四、理性交流，勿自说自话

在和律师面谈时，有两种情况会大大降低沟通的效果：一种是说着说着案情就开始代入自己的情感，数落起对方的种种不是，最后事实陈述得少，情感宣泄得多；另一种是没讲几句案情，就开始谈自己对案件的定性认识，一问依据才发现都是通过网上检索或者道听途说。作为律师，其实很能理解当事人出现这样的状态，但毕竟无益于案件的解决。因此在见律师之前，建议调整好自己的情绪，抱着一个开放的心态去听律师作为法律专业人士在详细了解相关案情后的看法，多和律师交流如下问题：（1）当前我遭遇的问题在法律上的认识是怎样的？（2）当前处境下我在法律范围内拥有哪些选择？作为律师又建议我作何种选择？我原本对案件的期望值是否现实？（3）如果委托律师代理，律师的主要工作内容是什么？我应该如何配合？今后如何和律师之间保持有效联系？自己作为当事人和亲历者多讲案件的事实，尽可能少地加入感情，也尽可能少地作预先的判断，把主要精力放在律师最后的分析是否有条理、合逻辑、讲道理上。

五、用人不疑，勿隐瞒欺骗

律师代理是基于信任才能有效推进的，因此在还没定下委托律师的时候，可以货比三家、慎之又慎，但一旦选定，请一定用人不疑，如实、全面地告诉律师案件的前因后果，不要删减、隐瞒或者欺骗。律师基于职业道德的要求、委托合同的约束和明确法律的规定，会对案情严格保密。如果律师没有掌握完整情况或被误导，则可能基于此制定出错误的诉讼方案和对策，且在后续诉讼过程中，相关实情可能因对方提交证据或法官依职权调查而被查明。如果律师临场发现案件的实情与当事人的陈述存在巨大差异，将使庭审陷入极为被动的境地，这就完全背离了当事人请律师来帮助自己维权的初衷。

图书在版编目（CIP）数据

法律的思维 / 訾英韬，严海燕，蒋德予著 . —北京：
东方出版社，2024.1
ISBN 978-7-5207-2973-4

Ⅰ.①法… Ⅱ.①訾… ②严… ③蒋… Ⅲ.①法律—
研究—中国 Ⅳ.①D920.4

中国国家版本馆 CIP 数据核字（2023）第 233247 号

法律的思维
（FALÜ DE SIWEI）

作　　者：訾英韬　严海燕　蒋德予
策　　划：万有清澄
监　　制：于　桐 yutong@metabooks.cc
特约策划：鲁艳芳
责任编辑：杭　超
出　　版：东方出版社
发　　行：人民东方出版传媒有限公司
地　　址：北京市东城区朝阳门内大街 166 号
邮政编码：100010
印　　刷：北京美图印务有限公司
版　　次：2024 年 1 月第 1 版
印　　次：2024 年 1 月北京第 1 次印刷
开　　本：880 毫米 ×1230 毫米　1/32
印　　张：7.75
字　　数：174 千字
书　　号：ISBN 978-7-5207-2973-4
定　　价：49.80 元
发行电话：(010) 85924663　85924644　85924641
